日本大沈没
明るい未来を迎えるための資産防衛術

藤巻健史

GENTOSHA

「はじめ」に

邦銀勤務時代からつき合いのあるオオニシ先輩に、「フジマキの話はフィクションとして読むと面白いけど、ノンフィクションだから真っ暗になるよな〜」と冗談半分で言われました。

私の予想するこれからの日本はかなり暗く、読んでいて気持ちが沈んでしまうかもしれません。

実際に**消費税の10％への増税では、いまの日本の財政状況にとって「焼け石に水」に過ぎない**のです。**「財政破綻《はたん》で国家機能がマヒしてしまう」**か、もしくは**「ものすごいインフレ（ハイパーインフレ）になり生きていくのがやっと」**の時代がほんのちょっと後にずれるだけなのです。

しかしその一方、「暗く深い闇」の後は、「かなり明るい未来」が待っていると確信しています。いまある閉塞感《へいそくかん》は、すべて霧散《むさん》するでしょう。

それならば、**「その暗く深い闇の時代をいかに生き抜けばいいか」**だけを考えておけばいいわけです。

第2次世界大戦での敗戦で、日本はすべてを失いました。

しかし、終戦直後は地獄の苦しみであっても、その後は、さほど苦しくなかったと思います。それは「今日よりも明日、明日よりも明後日」と、皆が将来に希望をもてたからです。

今回来る財政（金融）危機も、第2次世界大戦と同じ程度のショックだと私は思っています。

社会の仕組み、価値観、財産価値等すべてが土台からひっくり返る「ガラガラポン」をマーケットが引き起こすと思うのです。

「そのときの損害をいかに最小にするか」はもちろん最重要課題ですから、この本の前半では、自他ともにマーケット人間と認める私が、財政破綻もしくはハイパーインフレが起きると予想する根拠と、そのときの資産防衛法について具体的にお話しします。

それと同時に「ガラガラポンの後、どういう時代が来るか」の認識もとても重要です。

ガラガラポン後の時代を「日本の未来は明るい」と理解し、力強く生きていく人と、「日本はもうだめだ」と自暴自棄に生きていく人とでは、生活力、生活レベル、そして財産の防衛力に雲泥の差が出てくるからです。

この本の後半では「ガラガラポンの後の日本はかなり明るい」ことと、その理由をお話しします。それによって「ガラガラポン」後の世界を予想していただければ、希望を持って生きていけると思うのです。

私のブログを読んで「フジマキさんは生活をエンジョイしている。本当は、ガラガラポンの時代など来ると思っていないのではないか?」という指摘を受けました。

それは誤解です。

私自身は「ガラガラポン」の時代を想定し、その対策を最大限行っているからこそ、毎日を楽しんで生きていけるのです。

もちろん「ガラガラポン」が来れば、「やるべきことをやった」と言っても、私もかなりのダメージをこうむるでしょう。想定していないことが起こり、激流に飲み込まれる可能性もあります。

それでも、いまできることは最大限やっていますから、あとは「人事を尽くして天命を待つ」の心境で毎日を楽しんでいるのです。

「人事を尽くした」のに、「いまだ心配して生きている」のはまっぴらです。「取るべき対策」を取らないで、「毎日心配している」生活もまっぴらです。

さらには予想される近未来が暗いからといって、「見たくないものは見ない」態度はいっそう、まずいと思います。

「原発事故は絶対起きない」という安全神話が、「いかに悲惨な結果を生み出したか」を考えればわかることです。

私の処世術は、30年近いディーラー経験から確立したものです。

私のモルガン時代のディーリング人生とは、ひたすら「耐えること」でした。

結果的には毎年、巨額の利益をあげるなどモルガン銀行の儲け頭でしたが、時間的には負けている時間の方が圧倒的に長かったのです。

マーケットは人気投票的な動きをしますから、当初は多くの人間の考え方に流されやすくなります。

しかし、経済学的におかしな動きは、時がたてば修正されるのです。膿《うみ》がたまり、おできが破裂するのと同じ動きです。

私の勝負は、経済的におかしいことを見出《みいだ》してからの勝負でしたから、負けている時間の方が長かったわけです。これを「逆張《ぎゃくば》り」と言います。

その間、負けているからといって、ふさぎ込んでいては人生やっていられません。ノイローゼになってしまいます。

やるべきことをやった後は、人生を思いっきり楽しむのです。

ところで、負けているときに「自分の信念を貫き通す」のは大変なのですが、それができたのは、多くの外国人投資家やヘッジファンドのオーナーたちが私を仲間としてみてくれ、経済の動きについて意見交換をしてくれたからだと思います。

そのときに強く感じたのは、**「彼らは日本を社会主義国家とみている」**ということです。

詳しくは本書でお話ししますが、「日本が再生する」ためには、かなり重要なポイントだと思っています。「日本人の常識」だけで物事を分析・判断していてはいけないのです。

ついでに申し上げておくと、**外国人は現在、日本の財政状況をかなり厳しくみています。**外国人のほうが、外から客観的に見ているせいか、日本の情勢を正しく分析、予測できた例を、私はモルガン時代から山ほどみてきています。今回も同じだと思っています。

「財政破綻」や「ハイパーインフレ」を怖がって萎縮《いしゅく》して生きても、何もいいことはありません。

それよりは、日本の経済状況についてきちんと把握し、その対策をとってから、その後の明るい未来を信じて、ぜひとも人生を楽しんでいただきたいと思います。

この本がその一助になれば、筆者として望外の喜びです。

日本大沈没　もくじ

Chapter 1 日本沈没の経緯

Section 1 ユーロ危機はいつまで続くか

Section7

景気回復と真逆のことをする国、日本

Chapter 2

明るい未来を迎えるための資産防衛術

Chapter 3 さらば社会主義国家・日本

Section 1 日本が立ち直る処方箋はあるのか

Section 2 私が「日本は社会主義国家」と主張する理由

装丁／デジカル（荻原弦一郎）
写真／ヤマグチタカヒロ
ＤＴＰ／美創

Chapter 1 日本沈没の経緯

Section 1
ユーロ危機はいつまで続くか

想像以上に根が深いユーロの情勢

2012年6月18日に実施されたギリシャ再選挙で、財政緊縮派が第一党になりました。それにより、ギリシャのユーロ離脱は免れたかにみえます。しかしスペイン国債の利回りが急上昇するなど、欧州情勢は不安定な状況が続いています。

ここで一つ申し上げたいことがあります。多くの日本人は「ユーロ危機とは、リーマン・ショックをはじめとする金融危機のせいで起こった」と思っているようですが、そうではないということです。

人為的、そして作為的な仕組みが限界に達し、起こるべくして起きたものなのです。

「国が違うのに同一通貨で取引をする」という経済学の基本に反する仕組みを、強引につ

くって実施してきた結果なのです。

これが私がユーロ発足以来、ずっと「ユーロは壮大なる実験だ」と言ってきた理由なのですが、経済学の基本に反する実験は、失敗に終わりそうな気配です。

ユーロが発足する前、私は、まだ現役バリバリのディーラーで、いろいろな通貨や国債を取引していました。ドイツ・マルク、フランス・フランなどの通貨の取引、フランス国債、イタリア国債、ドイツ国債等の取引です。**しかし、ユーロ発足以来、これらの取引をすべてやめました。ユーロがいつまでも続くわけがないと思ったからです。**

つい最近も、高校の先輩であるお医者さまやモルガン銀行時代の部下から、「フジマキさん、当時、皆がユーフォリズムといってユーロに浮かれていたときから、『ユーロはやばい』とおっしゃっていましたよね。当時はそういうことを言う人、他には皆無でしたよね」と褒められました。

ただ残念ながら、私はディーラーです。ディーラーというのは「儲けてはじめて存在を認められる」のです。評価されるには、警戒感を持ちながらも、ユーフォリズムでみんなが浮かれているときには一緒にユーロを買って、ピークで売り抜けなければいけなかったのです。怖がって何もしなかったのでは、ディーラーとしては失敗なのです。私はディーラーとしては失敗者なわけですが、今日のユーロをみていると「やっぱりな」と思わざるを得ません。

ユーロとは、「ユーロ圏という一つの地域内の同一通貨」です。それは、まさにその地域が「通貨の固定相場制」を採用しているのと同じことです。

たとえば日本とアメリカで、ドルと円が固定相場だったとしましょう。固定相場制とは、いまドル／円が80円（1ドル＝80円）なら、一年後も80円ということです。ドル札と円札を廃止して「ドルエ」とかいう共通通貨をつくり、それを日米の共通通貨とするのと同じです。

「リンカーンの肖像が描いてある紙幣」を使う人と「福沢諭吉の肖像が描いてある紙幣」を使う人がいても、いつでもそれらが一定の比率で交換可能ならば、共通の通貨を使っているのと同じなのです。

こうして日本とアメリカが固定相場制を採用したとします。

いまでこそ米国も日本も、ゼロ金利で日米金利差はほとんどありませんが、歴史的にはドル金利の方が、円金利より常に高い状態が続きました。今回はその状態で、為替の固定相場制が敷かれたと仮定します。

一般的に、「金利の高いドル預金をしようかな?」と思っても躊躇《ちゅうちょ》する人がいるのは、「ドル預金の方が金利の面では魅力的だけれど、満期のときに為替で損をする可能性があるから」でしょう。

しかしドル／円が固定相場制であれば、満期のときに為替で損をする人はいないわけです。となれば、全員が全員、高い金利の通貨で預金をすると思います。低い金利の円で預金する人はいなくなってしまうのです。

しかしながらそうなると、日本の銀行は円の貸出もできないという事態に陥ります。

それを避けるために、日本銀行（以下、日銀）は円金利を絶えずドル金利と一致させなければなりません。

ずいぶん前から日本はゼロ金利を選択していますが、昔は米国の景気は過熱気味で、金利も高かった。日本銀行は円金利をゼロにしたいけれども、アメリカと同じ金利を選択せざるを得ない。ゼロ金利にしたいほど景気が低迷しているのに、金利を高くしなければならない——そうなれば日本は轟沈《ごうちん》です。

つまり固定相場制とは、中央銀行が自国の景気に合わせて金利を上下させることができ

なくなる仕組みなのです。

日本とアメリカという経済格差がそれほどない2国間でさえ固定相場制は無理なのに、「ギリシャとドイツ」「ドイツと南欧諸国」「ドイツと東欧諸国」のように大きな経済格差がある国の間での同一通貨は無理だ、というのが昔からの私の主張です。ユーロ問題とは本質的に、固定相場制の問題なのです。

固定相場制を維持するには、中国みたいに一部、金融鎖国をして海外との資本取引を遮断してしまうという方策もありますが、ユーロ諸国がユーロ圏以外と資本取引をしないなどということができるわけがありません。

ですから今回は一時的に、危機を回避できたとしても、**5年とか10年のスパンでみるならば、ユーロは消滅しているだろうと思っているのです。**

地域内同一通貨制が成立する唯一の方法は一つの国になることですが、ユーロ圏諸国がそうなるのは、無理だと思うのです。したがってユーロの根本的解決方法が存在するはずもなく、いつかは崩壊すると思うのです。

ユーロ問題とは、リーマン・ショックという金融システム不安がきっかけで注目されたものではありますが、それは本質的な問題ではありません。

本質の問題は、「固定相場制」という作為的なシステムを採用したことにあるということです。

その点からすると日本がいま抱える問題と、ある意味、似ていないこともありません。後で詳しく述べますが、日本の為替システムは「変動相場制」にみえますが、実は「固定相場制」なのです。景気がよかろうが悪かろうが、固定相場制を放棄したと宣言してから約40年間、一貫して円は強くなった（もちろん相場の綾《あや》の円安はありましたが）。そんなのは変動相場制ではありません。

「固定相場制の弊害が出てきている」点で、いまの日本もユーロと同じ問題を抱えている、と言えるのです。ただ長い間、問題を解決しなかったせいで、日本の事態はユーロ圏よりよほど深刻だと私は思っています。

なぜユーロ危機が起こったのか

変動相場制のメリットを少し述べておきます。

変動相場制を採用している国の通貨が安くなったとします。通貨が安くなるというのは、モノ、サービス、労働力の値段が安くなるということです。

ドル／円で話をしますが、円が安くなるということは円で輸出するモノ、サービス、労働力を海外で値下げできるということです。トヨタ自動車（以下、トヨタ）がレクサス1台で400万円の収入を北米であげたいのならば、1ドル80円のときは5万ドルで売る必要があります。しかし1ドル200円の円安になれば、1台2万ドルで販売することができるのです。

商品が5万ドルから2万ドルと安くなれば、その分売れます。ベンツだろうがBMWだろうが、トヨタの相手にならなくなります。

商売では景気が悪いときの最大の販売テコ入れ策は値下げだと思いますが、円が安くなれば、国内価格は同じでも、海外での販売は実質値下げとなります。そこで国際競争力が回復し、景気が持ち直すのです。さらに円安になれば景気が過熱し、過度のインフレにもなってしまうでしょう。そうなると円金利はかなり高くなっていきます。皆がお金を借りて商売をしようと思い、お金の取り合いになるからです。

円建て債券の利回りが上がれば、投資家は日本に戻ってきます。景気のよい国の株価は上昇するだろうと皆が思うので日本株への投資も増えます。このような動きは円買いを伴うので、今度は円が強くなっていくのです。こうしてインフレ圧力は解消していくのです。日本においてお金とは、ドルでもユーロでもなく円のこと。ということは、円の価値が強くなるとは、お金の価値が上がること。お金の価値が上がれば、少しのお金でモノが買えるのです。価格が安くなるということです。

そう考えると、「円が強くなればインフレが収まる」こともおわかりでしょう。

以上述べてきたように、**変動為替相場には「景気の自動安定装置」という偉大なるメリットがある**のです。**ユーロ圏はその偉大なるメリットを放棄**してしまいました。

本来、ギリシャもスペインも景気が悪くて、失業率もうなぎ登りですから、通貨を安くして景気回復を図りたいところです。昔のように、ドラクマやスペイン・ペセタを使っていれば、景気回復策は比較的簡単だったはずです。

しかしユーロという共通通貨を使っていますから、一国だけ通貨を安くすることができません。

つまり、ギリシャ、スペイン、イタリアなどの実力に比べて、いまのユーロは強すぎるのです。

一方、ドイツはBMW、フォルクスワーゲンなどの自動車産業が史上最高益を上げています。BMWの2012年上半期の世界販売台数は、過去最高を更新したそうです。もちろんユーロ崩壊の危機があるので能天気にいえるわけではありませんが、ドイツの景気はすこぶるよいのです。ユーロがドイツの国力に比べて安すぎるせいだと思います。

こう考えてみると、変動相場制を放棄したつけを、ユーロ圏の多くの国が支払っていることになるのかな、と私は思います。

スペインの利回り7%は「危険水域」か

2012年6月15日の日本経済新聞（以下、日経新聞）に「債券市場で利回り7%は中長期の財政運営が難しくなる『危険水域』と言われています」という文章が載っています。スペインの話です。新聞だけではなく、「長期金利の利回り7%は中長期の財政運営が難しくなる『危険水域』だ」と、多くのコメンテーターや識者も言っていますが、私にはなぜ7%が「危険水域」なのか、よくわかりません。

「財政が維持できなくなるレベルが7%」のようですが、「財政を維持できない」定義がよくわからないのです。というのも、ここまで借金に頼っている日本は、すでに「財政が維持できていない」とも言えるからです。

私の記憶では、**ロシア危機のときのロシア国債の金利は80％近くまで上昇しました。**そのときは「7％のとき、どうのこうの」という話は聞きませんでしたし、1979年に米国債の金利が20％近くまで上昇したときも、「これは異常金利だ」とは言われましたが、「7％を超えたので財政破綻する」とは騒がれませんでした。

日本で長期金利を決定づけている債券先物では、実際には存在しない「クーポン6％、10年の架空の債券」が取引されています。最終的には実存する債券に換算して取引が完結するのですが、難しくなるので、ここでは説明を省きます。

「どのようにして架空の債券を取引しているのか」は私の別の本を読んでいただくとして、ここでなぜ「クーポン6％、10年の国債」を架空の債券として選んだかというと、債券先物ができた1985年時点で、「10年の金利は6％」が常識的なレベルだったからです。**景気がよければ7％、悪ければ5％だったのです。だから6％が選ばれました。**

このことからも「7％が危険水域」という議論は、何ら根拠のないことがおわかりかと思います。7％という数字は、スペインだけの個別事情なのかもしれません。

何はともあれ、「7％」という数字にはあまりとらわれない方がよいと思います。

ただし、**「金利が上がっているということは、市場が警戒警報を鳴らしているんだぞ」**という認識は極めて重要です。

つまり、「何％に下がったから大丈夫だ」とか「何％になったから危機的状況だ」という知識はあてにならなくとも、「大きかろうが小さかろうが、火事が起きれば火災警報は鳴る」仕組みはとても重要だということです。

ギリシャはユーロを離脱するか

約1年前、モルガン銀行時代の仲間であるギリシャ人と、「ギリシャ経済をどう立ち直らせるか」について話し合ったことがあります。

最初に私が、「ロシア帝国がアラスカをアメリカに売った例もあるのだから、ギリシャの国土を日本に売れば？」と冗談めかして言いました。「円高を利用して日本政府がギリシャの島々を買えば、僕らも君らと同じヨーロッパ人になる。同胞だぞ。そして君らの財政赤字問題は解消するよ」なんてことも言いました。

最近でいえば、石原慎太郎東京都知事が「尖閣《せんかく》諸島を東京都で買う」とおっしゃっていますが、尖閣諸島は国に買ってもらって、代わりに東京都はサントリニ島かどこかを買うのはどうだ？　という話ですかね。購入の意図はまったく違いますけど。しかし、先ほどの話はギリシャ危機がここまで深刻でなかったからこそ言えた冗談です。

真面目な議論として、観光立国ギリシャが財政再建を果たすには、独仏からの観光客を増やし、景気を回復させることが第一なわけですが、それには2つの方法があります。

一つはホテル代やレストランの代金を、たとえばいまの2分の1くらいに安くする方法です。しかしこれはデフレ政策であり、デフレで景気が回復した例など歴史上ないことを考えれば、現実的ではありません。日本でも景気対策として「デフレ脱却」が叫ばれていることからも明らかだと思います。

第2の方法は、通貨の価値を約2分の1にすることです。ドラクマが2分の1になれば、ドラクマ建てのホテル代金が変わらなくても、独仏の観光客にとってはユーロ建てでの負担が半分になるのです。

しかし、ギリシャがユーロ圏にとどまっている限り、不可能です。ギリシャがユーロを離脱し、通貨をドラクマに戻さないと、できない話です。

わかりやすくするために当初1ユーロ＝1ドラクマと仮定して、その後、ドラクマの価値が半分になり、1ユーロ＝2ドラクマとなったとしましょう。1ドラクマで1ユーロ買えたものが、2ドラクマないと1ユーロを買えなくなったのですから、ドラクマの価値は2分の1です。

このようにドラクマの価値が2分の1になると、ギリシャのホテル代（1泊200ドラクマ）はドラクマ建ての値段を変えなくても、ドイツやフランスの旅行者にとっては200ユーロ（200ドラクマ÷1、1ユーロ＝1ドラクマ）から100ユーロ（200ドラクマ÷2、1ユーロ＝2ドラクマ）と安くなるのです。

ただ、現ギリシャ政権とも仲のよい件《くだん》の彼は、このアイディアに対して、「タケシ、不幸な結婚であっても離婚は難しい。ギリシャがユーロを離れればドイツも離脱し、ユーロは崩壊するだろう」と答えました。

彼の予想は、「債務不履行説」でした。満期が到来してもギリシャ政府は国債の元本を返済しないというものです。いまから思うと、債務不履行をしてもギリシャはユーロ圏にとどまれると考えていたから出てきた発想です。

ところが最近は、事情がかなり違ってきました。**債務不履行を選択すれば、ギリシャは「即、ユーロから離脱せざるをえない」との前提で市場は動いているようです。**

ギリシャの富裕層はお金を引き出し、ドイツ国債を購入している

「ギリシャがユーロを離脱すれば、金融不安が連鎖するだろう」という主張が幅を利かせているようですが、私はそう思いません。

ギリシャでは第1回目の総選挙で反緊縮派が健闘し、フランスの大統領選でも緊縮派の大統領サルコジが敗れ去りました。

財政緊縮が人気のない政策であるのは当然です。両選挙は、国民が「もう緊縮財政は嫌だ」と駄々をこねたということです。

ギリシャの再選挙の結果、反緊縮派の急進左派が勝つのならば、「ポピュリズム（大衆迎合政治）もここに極まれりだ！」と思いましたが、結果はまともなものでした。駄々をこね続ければとんでもない状態に陥ることが、ギリシャ国民にも浸透したのでしょう。

ギリシャの新政権が緊縮政策を放棄し、EU（欧州連合）との合意をないがしろにすれば、混乱は必至でした。EUからの援助は自身の財政再建が前提なのですから、緊縮財政放棄は自殺行為です。

ECB（欧州中央銀行）はユーロ圏の紙幣発行について排他的権限を持っていますから、

ギリシャが「ユーロから離脱しない」と言っても、ＥＣＢが「紙幣を金輪際《こんりんざい》、供給しない」と宣言すれば、ギリシャは資金不足になります。お金が必要になれば、ドラクマを再使用せざるを得なくなるわけです。そういうプロセスで、ギリシャはユーロから離脱を余儀なくされるわけです。

ＥＣＢからギリシャへの援助がストップすれば、資金不足で海外債務も不履行になるでしょう。そうなれば、ドラクマの価値は大暴落です。

すでにギリシャの富裕層は金融機関から資金を引き出し、ユーロ建てのドイツ国債を購入したり、ドイツの銀行に預け替えをして、ドラクマの復活・急落に備えている人が多いようです。

実際にドラクマが復活すれば、ドラクマ売りとユーロ・ドル買いは、さらに加速するでしょう。**国力が弱った国の通貨など誰も欲しくない**からです。**ギリシャの金融機関は資金流出が続き、存立の危機に追いやられる**でしょう。

ドラクマの価値が急落すると、輸入食料や石油は暴騰するため、ギリシャ人はいままでのような日常生活を送れなくなります。ギリシャは食料の約40％を輸入に頼っているそうなので、食料不足に陥ることは間違いないでしょう。

また資金不足で政府機能がストップすれば、町には警察や消防士、ごみ収集の人たちもいなくなります。治安が悪化するので最大の産業、観光業も大打撃を受けるでしょう。数が多すぎると言われる公務員への給料支払いが止まるのも必至ですし、銀行への取り付け騒ぎが起こるでしょうから、社会的大混乱になります。

こうしてギリシャ国民はユーロ離脱を契機に、最貧国へと転がり落ちていくのです。

とはいえ市場原理とはよくできたもので、ドラクマの大暴落でいずれ観光業は立ち直り、経済も大底を脱するでしょうが、それはかなり先になるでしょう。

このように万が一、**ギリシャがユーロを離脱すれば、そのような悲惨な状況がギリシャを襲うわけですが、それをみた他のユーロ諸国はさすがに同じ轍《てつ》を踏まないよう緊縮財政にも耐え、必死でユーロ残留を図る**と思うのです。

それがゆえに私は、ギリシャがユーロを離脱しても、危機は連鎖しないと思うのです。連鎖しないのであれば、ギリシャ自身はユーロ諸国の2%くらいの経済規模しかないのですから、大きな問題とはならないと思うのです。

たしかにギリシャ国債を大量保有している独仏の銀行は被害をこうむるでしょう。

しかし、突然の話ではありません。これだけ騒がれていたのですから、銀行は引当金を積むなど、それなりの準備をしていると思います。していなかったら経営者の能力を私は疑います。したがって深刻な金融危機が起こるとも私には思えないのです。

欧州はユーロを維持したいのか

ユーロ圏の国々、とくに力のある独仏は、ユーロ問題の本質について十分すぎるほど気づいていると思います。もうユーロ自体を解消したいのではないでしょうか。

ただ、福島第一原発の廃炉作業と同じように、後始末には気の遠くなるような仕事とお金と時間がかかります。それゆえに無難な維持を模索しているのでしょう。

あるドイツの研究所は、懸賞金を出して、「どうしたらスムーズにユーロを解消できるか」についてのアイディアを募っているそうです。

ユーロ解消よりも現状維持の方が楽だから維持を模索しているだけならば、それは日本が財政赤字を子孫へつけ送りしているのと同じだと思えてなりません。

保有しているユーロは、いつ売るべきか

いまユーロ建ての資産を持っている方々、たとえばユーロやユーロ建ての国債を持っている人は、今後ユーロがどうなるか心配されていると思います。

しかしユーロが消滅しても、通貨や債券の価値がゼロになってしまうわけではありません。ユーロ建て資産の価値がすべてゼロになるのだったら、ユーロ圏の人たちは大貧乏になってしまいます。そんなことはなくて、また以前の通貨に戻るだけなのです。

ただそのとき、1ユーロに対して、どういう割合で各通貨が返済されるかがわかりません。そこが問題なのです。

たとえばユーロ通貨建てのドイツ国債を10万ユーロ持っていたとします。満期のときにユーロが消滅していたら、それがパーになる、すなわちお金をまったく返してくれないということはありえません。減額になるのは必至ですが、昔の通貨のコンビネーションで返してくれるでしょう。

仮に10万ユーロの債券をドイツ・マルクのみで返してくれるんだったら大喜びです。そうと事前にわかっていれば、私はいまユーロを買います。

しかし、「9割分をギリシャ・ドラクマ、あとの1割をフランス・フランやドイツ・マルクまたはスペイン・ペセタで返します」などとなれば、「冗談じゃない、ふざけるな！」となるのです。

つまり、ユーロ崩壊時、どの国の通貨で元本を返してくれるかわからない。それがわからないから不安なのです。ですから私自身は、今後もユーロに手を出しません。ゼロにはならないけれども、とんでもなく損する可能性があるからです。

もちろん消滅の際、すべてをドイツ・マルクで返してくれて大儲けする可能性もゼロではありません。しかし、そんなことに賭けるのはギャンブルと同じです。私のディーリング哲学に反します。

そこで、よく聞かれる「ユーロを保有しているけど、いま売るべきか？」という質問に対する答えですが、**「私だったら、ユーロが多少戻ったら（ユーロ高・円安）売り逃げる」**と答えるでしょう。どのマーケットも一直線に上下することはなく、ユーロのマーケットも今後、上下すると思うのです。

短期的にしかものをみられない方は「わー、ユーロはこんなにも下がった。しめた、買おう！」でしょうが、ユーロには、いままで述べてきたように根本的な問題がありますので、少しでも上がったら「しめた！　売り逃げよう」のスタンスだと思います。

私は、ユーロを大量保有していた友人に、かなり前から撤退を勧めていたので、いま感謝されています。私の他の著書でもユーロ発足以来、ユーロ問題について指摘し続けてきましたが（ただ早すぎました。反省）、それでも友人の中には逃げそこなった人もいます。撤退のタイミングはなかなか難しいのです。

ユーロ危機から日本が学ぶべきこと

今回のユーロ危機から学ぶべきこととは、まずは「ポピュリズム政治はやばいよ」ということです。ポピュリズム政治を継続していると、いずれはギリシャのように、そのつけで最貧国に落ちる可能性さえあるということです。

そして非常に重要なことは、人が作為的につくった制度、ここでは「ユーロという地域固定相場制」ですが、それは遅かれ早かれ、破綻するということです。**経済は「微調整のできる市場原理」にのっとった方がいい**のです。

考えてみると、ギリシャと日本は似ているのかもしれません。両国とも通貨が国の実力より強すぎたのですが、それを放置し続けたのです。

ギリシャはユーロに加盟した時点で、「自国通貨を安くする」という景気回復手段を放棄したのです。その結果、通貨（ユーロ）が国の実力より強くなった状態で維持されることになりました。

後で詳しく述べますが、日本は、社会の仕組みが海外への資金還流を妨げる仕組みとなっています。そこを正せば円安になったはずなのですが、為替のレベルを修正しようという努力を怠ってきたため、通貨（円）が国の実力より強いままになっています。

そのために景気は悪化する一方で、回復のきざしがみえないのです。

いずれにしても、「経済の自動安定装置」としての為替の役割を放棄してしまった国は悲劇をみるということです。

Section 2

日本とギリシャ、どちらが危機的状況か

日本経済を数字から読み解く

日本とギリシャ、どちらが危機的な状況かというと、私は明らかに日本の方だと思っています。ただギリシャの方が世界中の新聞やテレビで騒がれているから危機的にみえる。それだけだと思います。

まず債務残高の「対GDP（国内総生産）比」でいうと、日本は先進国中で断トツに悪いのです。2012年の数字だと日本の219％に対し、ギリシャは181・2％、イタリアは128・1％、スペインは77・2％に過ぎません（OECDデータより）。これは債務残高／GDPの数字ですから、大きければ大きいほど状況は悪いことになります。

この「対GDP比債務残高」ですが、1992年に調印されたマーストリヒト条約では

ユーロに加盟するためには「政府債務が対GDP比60％以内」という条件をクリアしなければなりませんでした。日本に当てはめると、名目GDPは2011年12月末で468兆円ですから、債務残高は281兆円以下、ということになります。ちなみに、いまの日本の債務残高ははるかにドでかい960兆円ですから、条件はまったくクリアできていません。

またマーストリヒト条約には、「単年度の財政赤字額をGDP比3％以下」という条項もあります。1997年に交わされた「安定成長協定」でも、「ユーロ導入後も、3％以下を続けること」で合意しています。

さらにはフランスのサルコジ前大統領とドイツのメルケル首相とがまとめ上げた、2013年に発効予定の「欧州新財政協定」では、「単年度の財政赤字を対GDP比の0・5％以内にするよう義務づける。憲法などで財政均衡の規定を盛り込まなかった場合には制裁が発動される」となっています。

日本の単年度赤字幅は昨年度が44兆円。今年度も予算段階で44兆円です。しかしながら、名目GDPの3％は14兆円。0・5％は2・3兆円です。

すなわち「ユーロへの参加資格」をあてはめると、「単年度の赤字が14兆円以下」なのに、日本は44兆円もの赤字を垂れ流しているということです。

先ほど冗談で、日本がギリシャの島を買い取れば「日本人はヨーロッパ人だ」と書きましたが、ヨーロッパ人になれたとしてもユーロ圏には入れなかったということです。入会希望書を提出しても、「44兆円もの赤字があるのに何をいうか？　顔を洗って、おととい来やがれ」と門前払いされてしまうのです。

ましてや、万が一ユーロ圏に参加できていたとしても、2013年からは2・3兆円以上の財政赤字なら罰金を払わなくてはいけなくなるのです。2・3兆円で「罰金」なら、44兆円の赤字は「無期懲役」に相当するのでしょうか？

日本の財政赤字がいかにひどいかがおわかりかと思います。

日本の財政赤字がここまで放置されたワケ

リーマン・ショックに代表される金融危機のとき、金融機関を救済するため国が財政出動をして、その結果、国の借金が増えてしまった。これが南欧の財政赤字問題です。地域固定相場制が根本の問題とはいえ、財政赤字が積み上がってきたのは、ここ数年の話です。

一方、日本はバブル崩壊以降、巨大な赤字を20年にわたって積み上げてきました。

南欧は数年間なのに対し、こちらは20年以上の歴史があるのです。威張れることではありませんが、日本には財政赤字については歴史があるのです。

ところで、橋本龍太郎元首相は1997年に「財政構造改革法」という法案をつくりました。財政赤字がこのまま続くと「やばいぞ」と思われたからでしょう。

ただ1997年というのは、日本経済が大底で財政再建どころではありませんでした。北海道拓殖銀行、山一證券、三洋証券といった企業が次々に破綻していった年でした。

そこで「いま取り組むべきことは、日本がいかに生き抜くかだ。財政再建どころではない」ということで、この法案は骨抜きとなり、小渕内閣のときに実質廃案になってしまったのです。

1997年末の借金総額は369兆円でしたが、放置し続けた結果、2012年3月末では960兆円と2・6倍に膨れ上がりました。

借金が2・6倍になっても体力が2・6倍になっていれば、事態は変わりません。

しかし当時と比べて、いまの日本の体力は相当落ちています。国の体力を測るのは名目GDPがいいかと思いますが、**1997年末の名目GDPは523兆円、2011年末の名目GDPはなんと468兆円**なのです。情けなや！　です。

いまだ、「日本の財政問題はたいしたことない！」と主張する政治家や識者がいらっしゃいますが、そういう方は橋本元首相のことをなんと評価するのですかね。「借金が、現在の3分の1のときから大騒ぎするなんてから騒ぎもいいところだ。世の中を煽《あお》っていただけだ」とでもおっしゃるのでしょうか？

私は決してそうは思いません。橋本元首相は、まじめに日本の将来の財政状況を憂慮されていたのだと思います。

なお、私は2012年3月末の国の借金は960兆円だと書きましたが、国の借金に関しては「長期債務の残高」のデータを取ったり、「地方と国の長期債務の残高」を取ったりと、論者によって使用するデータが違います。

私がいつも使っている国の借金残高は、財務省が発表している「国債及び借入金」の数字です。

「日本は外貨準備が大量にあるのだから、それを借金の返済にあてればよい」という主張を聞くことがありますが、日本の外貨準備は図表1の一番下の「政府短期証券116兆8673億円」とのほぼ見合いです。

外貨準備の大半は為替介入で積み上げたものですが、為替の介入とは「国民から集めた税金の円を売ってドル資産を買う」わけではありません。

「政府短期証券を民間金融機関に売る（昔は民間金融機関の代わりに日銀が全額買い取っていました）**ことで集めた円」を為替介入でドルに換え**（円売り／ドル買い）、**それを外貨預金や米国債で保有しているのです。**

ですから米国債を売っても政府短期証券が減るだけで、借金が完済ということからはほど遠いのです。

また、このオペレーションにはいくつかの大きな問題があります。

米国債を売り、円建ての政府短期証券を返済するためにはドル売りが伴いますから、円高／ドル安が進んでしまいます。現時点でさらなる円高／ドル安が進めば、日本の製造業は壊滅でしょう。工場は安くなった外国人労働力を求めて海外進出を加速させますから、日本人にはさらに仕事がなくなります。

また最近、霞ヶ関の埋蔵金発掘騒動でひずみが出てきているのですが、米国債の売却で、

2012年3月末現在

（単位：億円）

区分	金額
内国債	7,893,420
普通国債 （うち復興債）	6,698,674 （106,529）
長期国債（10年以上）	4,329,577
中期国債（2年から5年）	1,950,976
短期国債（1年以下）	418,121
財政投融資特別会計国債	1,109,122
長期国債（10年以上）	919,068
中期国債（2年から5年）	190,055
交付国債	2,826
出資・拠出国債	18,742
株式会社日本政策投資銀行危機対応業務国債	13,438
原子力損害賠償支援機構国債	43,364
日本高速道路保有・債務返済機構債券承継国債	7,254
借入金	537,410
長期（1年超）	182,267
短期（1年以下）	355,142
政府短期証券	**1,168,673**
合計	9,599,503

（財務省ホームページ）

図表1・日本の国債及び借入金残高

そのひずみが表面に出てしまいます。

というのも、為替介入をして得たドルの金利は、以前は政府保証債券の利回りより、かなり高かったので、特別会計には金利分の儲けがたまっていました。それを、ここ数年の霞ヶ関埋蔵金発掘騒動で掘り出してしまったのです。

介入時より現在の方がドル安／円高ですから、米国債を売れば、その損が表面に出てきます。したがって、特別会計に残っているのは為替損なのです。

そうなると財政赤字の深刻化を理由に外国勢（ヘッジファンドなど）の仕掛け（空売《から》り）が起き、日本国債の暴落、財政破綻に突き進んでしまう可能性も高くなるのです。

Section3

日本の財政赤字はなぜ欧州ほどに騒がれないのか

日本の財政が破綻したとき、損をするのは日本人だけ

ギリシャ国債の60％から70％は、ドイツやフランスの銀行が購入しています。したがってギリシャがこけると、フランスやドイツの銀行が大損をします。ひょっとすると倒産する銀行が出てくるかもしれません。それで世界がギリシャに注目し大騒ぎしているのです。

それ相当の期間騒がれていますので、引当金を積み増すなど、皆それなりの対応を取っているはずで私があまり心配していないのは前述の通りですが、マーケットは不安なようです。

一方、日本の場合は、ご存じのように日本国債の91・7％（2011年度末）を日本人が持っています。日本がこけたところで、直接的な損をするのは日本人だけです。ですか

ら世界は騒いでいないのです。無責任な言い方をすれば「勝手にこければ〜」というところでしょうか。

要は、「騒がれているから大変だ。騒がれていないから大丈夫だ」というわけではないのは皆さんご存じの通りです。

日本では金利が上がるという警報が鳴らない

ギリシャやスペイン、ポルトガルやイタリアなどの南欧は、事態を反映して長期金利が上昇しています。たとえば2012年6月14日にはスペインの10年国債の利回りは、ユーロ導入後、初めて7％に上昇していますし、イタリア国債は6・3％です。

事態が悪化すると長期金利が上がる、すなわち警戒警報が鳴るわけですから、政府もマスコミも国民ものんびりしてはいられません。皆、それなりに真剣に事態を捉え、対処法を考えます。

フランスの大統領選やギリシャの最初の総選挙の結果をみていると、ユーロ圏にもポピュリズム（大衆迎合政治）が蔓延《まんえん》しているようにみえます。ユーロ圏の国々には財政緊縮策しか選択の余地はないのに、国民は駄々をこね、「反緊縮財政派」の政治家を選ぼうとしていたからです。

しかし、ギリシャではポピュリズム政治に対して、長期国債の市場がチェック機能を果たしています。「政治家さんよ、緊縮財政拒否はいいけれど、それを選択すると国は立ち行かなくなりますよ」というメッセージを、長期金利上昇という形で発信しているのです。

こういうメッセージが発信されているので、政治家の尻には火がつき、国民は能天気に「緊縮財政反対」ばかりは言っていられないことに気づくのです。

ところが、日本は違います。ユーロ圏以上にポピュリズム政治が蔓延していると思います。政治家が国民に迎合して、大規模な「ばらまき」を行っているからです。太平洋戦争直後の進駐米軍が日本国民の心を引き付けるために〝チョコレート〟をばらまいたのと同じように、カネをばらまいているのです。

先進国で断トツの対GDP比の累積赤字額は、ポピュリズム政治国家の証左《しょうさ》だと思います。

しかし、それにもかかわらず、長期金利が史上最低レベルの0・8%と低位安定してしまっています。警戒警報が鳴っていないのです。

ここが日本の大問題です。

南欧では「緊縮財政反対だと長期金利が上がる」と述べましたが、通常の資本主義国家では、ばらまき政治が行われると長期金利が上昇し、「政治家さんよ、人気取りでそんなにお金をばらまくと、長期金利の上昇が経済に悪影響を及ぼしますよ。それでもいいのですか？　世間は、ばらまきをしたせいで景気が悪化したとあなたを非難しますよ」と警戒警報を鳴らすのです。

それなのに日本では、いくら政治家がばらまきを行っても、長期金利が上昇しません。警戒警報のスイッチを切ってしまっているためです。ばらまきをしても警報が鳴りませんから、政治家はばらまき放題です。その結果、とんでもないほどの累積赤字がたまり、財政破綻というつけが回ってくることになるのです。

チェック機能が効かないところでは、バブルは想像を絶するほど大きくなってから破裂します。もちろん、その衝撃度もすごいのです。警報が鳴っていないところにショックが来るのですから、国民の狼狽《ろうばい》ぶりも想像を絶するものだと思います。

以上の理由から、日本の方が南欧諸国よりよほど憂慮すべき状況だと、私は言っているのです。

よく、「長期金利が上昇していない。だから日本の財政はまだ大丈夫だとマーケットが言っている」と発言する識者がいらっしゃいます。

これは違います。**日本ではマーケットがメッセージを発していない**のです。だから問題がこんなに大きくなってしまったのです。

なぜマーケットがメッセージを発信しないのかは後で詳しく述べたいと思いますが、結論だけここで申し上げますと、**日本が社会主義国家**だからです。警戒警報が鳴らないシステムを日本は採用しているのです。**「マーケットと関係ないところで経済を運営する」のは、まさに「社会主義国家の国家運営法」なのです。**

なぜ日本の長期金利はこんなに低いのか

名目の長期金利は、**「実質金利＋インフレ期待率＋クレジットリスク」**で決まります。

名目金利は、新聞などで「長期金利の利回りは何%です」と言及されている利回りのことです。

実質金利というのはブラックボックスでよくわからないのですが、**基本となる金利**のことで、いつも一定です。

インフレ期待率は、景気がよくなると思えば上がり、悪くなれば下がります。景気がよくなれば需要が増え、値段が上昇していきます。すなわち景気がよくなると思えば、名目金利は上昇するということです。

クレジットリスクとは倒産確率です。倒産の確率が上がれば、名目の長期金利は上がり、確率が下がれば、長期金利は下がるということです。他人にお金を貸すときに、お金を返してくれない可能性の高い人には高い金利を要求すると思いますし、絶対返してくれる人には低い金利でいいと思うでしょう。それと同じです。

このことからわかるように、「金利の上昇」には2種類あります。よい金利の上昇と悪い金利の上昇です。

よい金利の上昇とは、インフレ期待率が上がった結果の名目金利の上昇、すなわち景気がよくなった結果の上昇です。

一方、**悪い金利上昇というのは、倒産確率の上昇による名目金利の上昇なのです。**

いま、ギリシャやスペイン、イタリアなどで起きている長期金利の上昇は、悪い金利上昇です。国の景気は非常に悪い。スペインでは失業率が25％まで上がっています。**景気がよくないのに名目金利が上がっているのは、倒産確率が上がっていると市場がみているからです。**だから皆、身構えるのです。

ロシア危機のときは名目の長期金利が80％くらいまで上がったとお話ししましたが、それは当然のことながら倒産確率が上昇したからです。

ところで最近の日本国債ですが、利回りの動きは、なぜか米国とドイツの金利に連動しています。

ギリシャやスペイン、イタリアなどの南欧の長期金利が上がると、「安全資産へのシフト」ということで米国債やドイツ国債に資金が流れ、それらの金利は下がります。米国とドイツの財政事情は日本より格段によいですから、その事態はよく理解できます。ドイツは底固い景気が税収増につながり、２０１６年には財政黒字が視野に入るほどなのです。

しかし、米国とドイツの金利に日本の長期金利が連動して動いているのは、極めて不思議なことです。**これだけ財政赤字がたまっているのですから、ギリシャやスペイン、イタリアの金利に連動するのが普通でしょう。**金利からみると、「日本国の倒産確率は限りなくゼロに近い」とみられているわけですが、これは違うように思います。

日本国の倒産確率は低いと主張する方がいるのはわかりますが、それでもゼロだと主張する方は少ないでしょう。**白川日銀総裁でさえも、「財政の健全性が重要だ」と責任範疇《はんちゅう》のこと以外に言及する時代なのですから。**

と言いますのも、2012年5月13日の朝日新聞一面によると、白川日銀総裁は朝日新聞の単独インタビューに応じ、「『通貨の安定を支えているのは財政の持続可能性だ』と述べ、政府に財政再建を強く求めた」ということです。**「財政がさらに悪化すれば日本国債が売られ、経済が混乱しかねないとの危機感を表明したものだ」**と記事は続きます。

それなのに長期金利は、「倒産確率はゼロ」と言っています。これは市場が「倒産確率はゼロ」と明言しているというよりは、**「マーケットがゆがんでいる」**と考える方が自然だと私は思います。

米国の財政事情はどうなっているか

日本の財政状況は米国よりはるかに悪いとお話ししましたが「米国も昨年、財政破綻懸念で騒いでいたではないか?」とおっしゃる方がいるかと思います。

2011年に騒いでいた米国の財政破綻懸念とは、「政府債務の上限額14・3兆ドル(約1130兆円)を引き上げない限り、国債は発行できない。それなのに与野党間が紛《ふん》糾《きゅう》して、なかなか上限引き上げの合意ができなかった」という騒動に過ぎません。

米国では「無尽蔵に国債発行をしていては将来大変なことになるから、そうならないように事前に法律で国債発行額を制限していた」のです。ですから、あの騒動が起きたわけです。GDPが1500兆円に対して、1130兆円の国債発行枠だったのに、です。

一方、GDPが468兆円に過ぎない日本は、すでに米国に近い960兆円もの巨額借金を抱えています。日本はGDPが米国の3分の1しかないにもかかわらず、ほぼ同額の借金を抱えているのです。

こうなったのは「日本は米国と違い、国債発行枠という自主制限を設けなかったから」でもあります。たしかに日本にも財政法という法律があります。この法律は「国債は原則不発行、やむをえない場合でも、それを最小限にとどめたい」という思想に基づいて立法されたものです。

ところが、そんな法律など、どこ吹く風の国債増発ぶりなのです。

「自主規制をつくり、それに抵触しそうだ」と騒ぐ米国と、「自主規制などお構いなく、増発に増発を重ねている」日本、どちらが健全なのでしょうか。

「日本と比べて累積赤字が格段に少ない米国が騒いでいる。日本は大丈夫だろうか？　何とかしなくてはいけない」というのが普通の神経だと思うのですが、騒いでいないから「日本の方がやはり安全だ」と考える日本人がいるとしたら、私はほとほとあきれてしまいます。

「日本国債の9割は日本人が保有しているから大丈夫」は本当か

「日本国債は大丈夫」と主張される方には、私は「では第2次世界大戦中に発行された戦時国債はどうなりましたか？」と聞くことにしています。**この戦時国債は、戦後のインフレで紙切れ同然になりました。**当時は、まさか敵国アメリカが戦費調達目的の日本国債など買ってくれるわけがありませんから、間違いなく日本人が100％買ったと思うのですが、戦後、紙切れ同然になったのです。9割を日本人が保有していようが100％保有していようが、駄目なものは駄目なのです。

「国債ムラの住人（日本人）は、保有債券を売り始めると債券価格が崩れて、自分で自分の首を絞めることになるから、そんなバカなことはしない」と主張する論者もよくいます。

私の30年近いディーリング人生の間にも、同じ様な主張を何回も聞きました。

しかし、いつも国債ムラの住人自身が国債を売って、マーケットを崩しているのです。外国人ではありません。

1987年にタテホショックというのが起きました。タテホ化学工業が債券先物市場で多額の損失を出したニュースが報道され、その損失処理を懸念した債券市場が大崩れしたのです。**このショック後の4カ月間で長期金利が2・55%から6%まで跳ね上がったときも、1998年12月の1カ月間に長期金利が0・8%から2・4%まで跳ね上がったときも、売り崩したのは外国人ではなく、自分の身を守ろうとした国債ムラの日本人自身だったのです。**

タテホショックの直前は、公定歩合が2・5%なのに長期金利が一時2・55%まで下がりました。長期金利と公定歩合が急接近したのです。

そのときに某証券会社のチーフトレーダーが、「長期金利が低いのではない。公定歩合が高過ぎるのだ」という名言（?）を吐いて有名になりましたが、やはりそれは迷言だったのです。その後、長期金利が4カ月で6%まで上がってしまったのですから、やはり

2・55%の長期金利の方が低すぎたのです。

先物市場の存在についても述べておきたいと思います。いま、国債とか株式の市場では現物取引より先物取引の方が段違いに大きくなっています。その先物市場では、国債を持っていなくても簡単に売り崩せるのです。

私は近々、**海外の年金資金が日本国債にものすごい興味を持ち始める**と思っています。**ヘッジファンドというツールを使って、日本に参入してくる**と思うのです。

そう申し上げると、皆さん「お、年金が入ってくるのか？　大量の運用資金で日本国債を買ってくれるのだな」と大喜びするかもしれません。

しかし残念ながら、**海外の年金は「日本国債の売り」という形で日本国債市場に参入してくる**と思っています。

先物とは、「値段は本日決めるが、決済（お金とモノの交換）は将来行う」という取引です。

現物取引のように本日の決済（債券市場だとお金と債券の交換）だと「債券を保有せずに売りを先行させること」は難しいですが、先物取引だと簡単なのです。決済日までに、引き渡す債券を買い戻しておけばいいからです。

たとえば12月末に債券を渡す（決済）先物取引を、今日（6月末）にすれば、渡す債券を買い戻すのに半年間の余裕があるということです。ですから売りから始める取引は簡単なのです。

かりに年金のファンドが１０００億円のお金を日本に持ち込んだとします。９９０億円を金庫の中に入れておいて（これは損したときに追加的に差し入れる証拠金用です）、10億円を証拠金として、１兆円分の債券を先物市場で売ることができるのです。

しばらくして債券の値段が暴落したところで買い戻して５００億円を儲けたとします。そこで、その５００億円の儲けと金庫の中に入れておいた９９０億円と10億円の証拠金を回収して、合計１５００億円を本国に持って行けるのです。

年金ファンドとは、「ありあまる資金をどこかに投入するもの」と思い込んではいけません。

年金ファンドの目的は「どこかに投資すること」ではなく、「年金支払い準備金を増やすこと」なのですから、「売って儲けてもいい」のです。

ですから、**国債保有がゼロの海外年金でも、日本国債を売り崩すことはできる**のです。

ちなみに、日本国債の91・7％を日本人が持っているということは、外国人にとって日本国債はまったく魅力がないということです。日本国債は「日本人にまず売って売れ残った分を外国人に売る」わけではありません。「よーいドン」でいっせいに売るのです。

外国人には興味がまったくわかない商品を、なぜ日本人は競って買うのでしょうか？

外国人には為替のリスクがあると言いますが、為替のリスクがありながら、世界中の投資家が米国債を買っています。他の国の国債も多く買っています。

先進国の中で、これほど自国民しか買っていない国債は他にあるのでしょうか？

本当に魅力のある商品ならば、日本の銀行が米国債を買うときのように、為替のリスクを取らない形での購入という方法もあります。**日本の銀行は米国債を買う際、円をドルに換えているのではなく、ドルを金融市場から借りて米国債を買っているのです。為替のリスクを取ってはいません。**

それと同じような方法もあるのに、外国人は日本国債を買わないのです。魅力がないからです。それを日本人は大量に買うのです。

これは市場原理が働いていない証拠なのです。

昔、モルガン銀行に勤めていたとき、副会長のお供をして日本政府の要人と会ったことがあります。「外国人に日本国債を売るにはどうしたらよいでしょう？」という質問に対して、彼は「こんなに金利の低い債券は買えません。金利が高くなれば買います」と答えていました。当時でも欧米国債と比べ、日本国債は数％利回りが低かったのです。それでも日本人だけは現在と同様に他国の国債に見向きもせずに、日本国債を買っていたのです。

ほとんどの日本人が間接的に国債を大量保有していることになる

日本の方がユーロ圏より財政問題が深刻なのに、日本人が能天気なのは、「世界が日本のことを騒いでいないから」「マーケットが警戒警報を鳴らしていないから」だとお話ししましたが、さらに日本人が「間接的に国債を大量保有していることに気がついていない」せいでもあると思っています。日本人は「財政破綻問題は、しょせんは国の問題」と自分自身の問題として真剣に考えていないのではないでしょうか。

現在、ほとんどの日本人は、間接的にですが、大量に日本国債を保有しています。

したがって国が財政破綻をすれば、我々自身が、いままで築き上げてきた個人財産をすべて失いかねません。将来もらうべき年金も、パーになってしまうかもしれません。

というのも、**金融機関が預かった預金で大量の日本国債を買っている**からです。

たとえばゆうちょ銀行は、預かった預金の約8割を国債で運用しています。一時は88％も国債で運用していました。年金も多くが国債で運用されていますし、生命保険会社は集めた保険料を大量に国債で運用しているのです。

なぜ国内の金融機関がこぞって資金を国債で運用したかというと、バブル崩壊以降、景気が悪くて融資が伸びず、運用先に困り続けていたからです。

1980年代には保険料の50％以上を貸し付けで運用していた生命保険会社の融資は、いまや資産の13・7％でしかありません。融資が減った分は国債投資に回してきました。

銀行には「預かった預金の何％を融資に回しているか」を示す「預貸率」という言葉がありますが、この預貸率は10年前の98％から73％に急落しています。銀行も融資が減った分を国債運用に回したということです。

ということは、**もし財政破綻で国債の価値がなくなれば預金は戻ってこず、年金も支払われず、生命保険も払われないことになる**のです。

その意味で財政破綻問題は、直接的に個人に影響する大問題なのです。

なお、最近「資金の分散として個人国債の購入をどう思われますか?」というご質問をいただいたのですが、「すでに大量に国債を間接保有している方が『個人国債を購入する』のはリスク分散になるのでしょうか?」と答えておきました。

Section4

なぜ日本の長期金利は上がらなくなったのか

社会主義の体制の権化、ゆうちょ銀行

ここでは日本で、なぜ「長期金利上昇」というかたちの警戒警報が鳴らなかったのかを考えてみたいと思います。

まず第一は、「ゆうちょ銀行の存在」です。

個人金融資産の17%を預かる世界最大の銀行であるゆうちょ銀行は、その成立の経緯からして、国債への投資が義務づけられているようなものです。**いまでも預かった預金の80%を国債で運用しています。一時は88%を占めていました。**

市場原理が働く国の金融機関ならば、まずはリターンの高い民間投資に資金を回し、民間からの資金需要が十分でなければ、海外にお金を回すのが常識です。「海外にも投資せ

ず、20年間もGDPが伸びない国に資金を留め置き、ひたすら超低金利の国債を買い続けた」など信じられないでしょう。

しかし、ゆうちょ銀行の前身といってもいい「資金運用部」とはそもそも、国民からお金を集めて国債を購入するなど、市場には任せず、官僚が考えた配分通りに資金供給を行うために存在していたのです。社会主義の教科書通りです。

政治家がばらまきを行い、その結果、国債の増発につながっても、ゆうちょ銀行が買ってくれるのです。市場原理にのっとれば向かうはずの「もっと儲かる市場」、すなわち民間企業にも海外にも資金はいかず、国債のみに資金は向かっていたのです。

その結果、「長期金利上昇」という警戒警報は鳴らず、国債発行に歯止めがかからず、累積赤字は極限まで膨れ上がってしまったのです。政治家はばらまきに痛みを感じないから、ばらまき放題。こうしてバブルは極限まで膨れ上がってしまったのです。

ところで、ゆうちょ銀行は海外投資には目を向けませんでした。そういう種類の銀行ではないからです。市場原理のもとでは海外に行くべき資金を、国債市場につぎ込んだのです。

そのせいで現在、「国債バブル」と「円バブル」が同時進行しているのです。日本経済低迷の元凶の「円高」と、日本の大問題である「財政破綻の危機」の根っこは一つなのです。

ついでながら1980年代後半の不動産と株のバブルは、やはり資金が海外に流れず、国内にとどまったせいだと思います。その意味では「円バブル」と「不動産/株バブル」ですから、今回と同じ構図です。「不動産/株バブル」ははじけましたが、「円バブル」ははじけずに巨大化し続け、いまの「円バブル」と「国債バブル」になっているのです。

前回のバブルも今回のバブルも、市場原理が働かない社会主義体制の結果なのです。

政府・日銀が行ってきた長期金利の市場操作 その1

次に政府・日銀の過度の市場介入によって長期金利が低いままで、警戒警報を鳴らさなくなったことにも触れておきたいと思います。

1998年12月、長期金利が1カ月で0・8%から2・4%に急騰したことがあります。

当時存在した「資金運用部」が、債券買いオペ(マーケットから債券を購入することで市場の通貨量を増大させること）をやめると発表したからで、「資金運用部ショック」と言われました。この長期金利急騰で「金融システムが危険」と慌てた政府は、長期国債の発行を減らし、短期国債の発行にシフトしたのです。

政府が長期国債の発行を抑える一方、日銀は長期国債の買い入れ増に走りました。大蔵省（当時）と日銀の両者が力を合わせ、なんとか事態を押さえ込んだのです。

長期国債の需要を日銀が増やし、供給を大蔵省が減らしたのですから需給が改善し、値段は上昇（長期金利は低下）しました。

これこそ、政府・日銀が介入によって無理やりつくった相場だと思います。

それ以降、**日銀の長期国債購入は増え続け、財務省の長期国債発行額は**（私に言わせれば）**本来あるべき額より少なすぎるのです。**

最近は政治の圧力に押され、日銀がまた国債の購入を増やしています。このようなことを行った結果、「日銀のバランスシートがいかに膨れ上がったか」「日銀の資産のうち国債の割合が増したことで、いかに日銀のバランスシートが脆弱《ぜいじゃく》になったか」はお話しした通りです。

このような人為的オペレーションでマーケットのゆがみを大きくしていくと、破裂したときの衝撃がさらに大きくなります。市場に任せておけば、市場が絶えず微調整をしてくれますが、市場原理を働かせず、人為的なオペレーションを続けていくと、最後にはとんでもないことが起こるのです。

社会主義体制の経済では、いつもどこかに大きな問題が発生し、最終的には大きく破綻するのはそんな理由からです。

政府・日銀が行ってきた長期金利の市場操作 その2

1998年以降、政府はバブル崩壊後の不良債権処理に苦しんだ金融機関に、預金保険機構を通じて、総額約9100億円の公的資金を投入しました。一部国有化のようなものです。公的資金を投入したからにはと、政府は金融機関に十分な利益を出すことを要求しました。「十分な儲けを出さなければ、会長・頭取はクビだ」というのです。

通常、金融機関の儲けの最大の源泉は「短期で低金利の資金を調達し、長期で高金利の商品で運用することで得られる金利差から生じる」のですが、政府が長期金利を低く抑え込んでしまったので、その金利差が非常に小さくなってしまいました。ミクロ政策では、

「金融機関は儲けろ。儲けないと会長・頭取はクビだ」と言いながら、マクロ政策では「長期金利と短期金利の差を縮め、銀行の儲けの源泉を小さくしてしまった」のです。

マクロ政策とミクロ政策の整合性がない状況で、頭取と会長のクビを邦銀が守る方法はたった一つ。つまり、**長期金利と短期金利の差が大きければ国債1単位の購入で確保できた利益を、国債3単位の購入で確保しようとした**のです。**薄利を量で稼がざるを得なかった**わけで、薄利多売と同じ考え方です。

その結果、民間銀行もゆうちょ銀行と同様に、国債の巨大な需要者となったのです。

こうして政治家がいくらカネをばらまいても、長期金利が上がらない完璧な仕組みができあがりました。意図的ではなかったかもしれませんが。

以上述べてきた理由で、国債市場には市場原理が働いておらず、したがって財政が非常事態に陥っているにもかかわらず、「長期金利上昇」という警戒警報が鳴っていないのです。

Section 5

日本経済の恐ろしい実態

日本経済はバブル崩壊以降、とんでもなく悪化している

雑誌やニュースで「復興需要で景気回復」などと言われることがあります。この20年間でも、何度も「景気回復」という言葉が新聞紙上を賑《にぎ》わせました。

しかし、とんでもありません。日本はバブル崩壊以降、ずっと景気が低迷しているのです。それも、半端な低迷ぶりではありません。すさまじいほどです。

いまの日本は潜水艦でたとえると、深海に沈んでいる状況です。ここでは潜水艦が海上に飛び出したのを好景気と仮定しています。潜水艦が海上に飛び出してはじめて、我々はお天道様を拝めるのです。

それなのにマスコミは、深海にいる潜水艦が10メートル浮上すると、「景気回復」と騒

ぎます。たしかに上昇しているのは事実です。

しかし我々が「景気がよい」と感じるのには、「絶対的なレベルが高い」ことが重要です。超深海から深海に浮上するのは「景気回復」とは違うのです。お天道様があるのは、はるか先の先なのです。深海で10メートル浮上しても、深海は深海です。それをもって景気回復というのは、言葉遊びに過ぎないのです。

適切なたとえか自信はありませんが、以前、某新聞で「企業の新卒採用は底打ち、好転へ」と書いてある記事をみつけました。「私の感覚とは違うな」と思って読んだら、「一昨年は新卒採用を前年比1000人減らし3000人採用した。昨年は一昨年より500人採用数を減らして2500人の採用だ。今年は去年と比べると300人しか減らさず2200人の採用だ。前年比減の数字が減っている。だから新卒採用情勢は底打ち、好転だ」というのです。

これは違いますよね。前年比の採用数が「減」から「増」に変わって、はじめて「底打ち、好転」と言えるのだ、と私は思ったのです。減少数が低下傾向にあるのをもって「好転」というのは、言葉の遊びだと思ったのです。

話を元に戻します。日本はバブル崩壊以降、20年以上にわたってとんでもない低迷経済が続いているのです。世間は、その低迷ぶりをはっきり理解していないからこそ、枝葉末節的な景気回復論に振り回されるのだと思います。「正しい処方箋を書くには、正しい実態把握が必要だ」ということを福島第一原発事故で痛感したはずなのに、景気対策ではそれが活かされていないのです。

名目GDPから日本経済を分析する

名目GDPは日本の国力、体力を示すよい指標だと思います。

2011年末の日本の名目GDPは468兆円。1991年末の469兆円と変わらないのです。20年間も名目GDPが伸びていないのです。情けなや、です。

低迷している日本を抜いて中国が2010年、名目GDP世界第2位の大国になりました。20年前に8分の1しかなかった中国に日本は抜かれてしまったのです。

米国はこの20年間で名目GDPは2・5倍以上、オーストラリアもこの19年間で3・3倍と聞きます。20年間も無成長の日本は、今後、他国にもどんどん抜かれていくと思うのです。

名目GDPは伸びていないのに、国の累積赤字の伸びの方はすさまじく、この15年間で3倍近くに膨れ上がってしまったわけです。

ちなみに、このように名目GDPが伸びていない国からみると、世界をみる目が曇ります。リーマン・ショック以前、世界は5％成長を5年間続けて「30年ぶりの好景気」だったのですが、日本では「世界的に景気低迷」、ひどいのになると「資本主義はもう終わった」などという見出しが散見されたのです。「違うよな〜」と思わざるをえませんでした。

日本企業のトホホな実力

個別企業の収益をみても、日本経済の沈滞ぶりがわかります。2012年5月9日に発表された**トヨタの2012年3月期の純利益は、前期比31％減の2835億円**でした。

東日本大震災やタイ洪水による生産減の影響があったとはいえ、その前の年度でも約4100億円しかありません。一方、米国では斜陽産業と言われる自動車産業ですが、それでも**フォード・モーターズは2011年12月期に純利益を202億ドル、約1兆6000億円**も上げているのです。日本企業の雄・トヨタの2800億円に対して、斜陽産業界のフォード・モーターズは1兆6000億円も利益を稼いでいるのです。ちなみに2010年度のペプシコーラの純利益は約5000億円。日本の雄・トヨタはペプシコーラなんぞ（なんぞ、と言っては失礼かもしれませんが）にも負けているのです。コカコーラの2010年度純利益は約1兆円です。ペプシコーラやコカコーラは世界展開しているからとおっしゃるかもしれませんが、トヨタも世界展開しています。

それでもトヨタは黒字だからまだいいのです。製造業の純利益は2011年度、軒並み赤字なのです。**2012年6月27日の定時株主総会で、パナソニックは過去最悪となる7721億円の最終赤字を報告した**のです。

日本勢が世界の8割のシェアを握っていたDRAM市場も、いまや散々です。エルピーダメモリが米半導体大手マイクロン・テクノロジーに買収されそうな状況で、DRAM市場では国内メーカーが1社もなくなってしまう勢いです。

エルピーダに至っては、日本政府が個別一般企業としては異例の公的資金まで投入していたのにもかかわらず、買収されてしまいそうなのです。DRAMの世界市場は、日本勢のかわりに韓国勢が席巻しています。

2012年の5月場所の初日に、国技館に相撲を観に行って優勝額除幕式で気がついたのですが、館内に飾ってある優勝額32枚のすべてが外国人力士の写真でした。製造業でもこれと同じことが起きつつあるのです。

望月晴文元経済産業事務次官が「日本は世界に技術で勝って、利益で負けている」と、おっしゃったことがありますが、まさにその通りなのです。しかも、その負け方がすさまじい。

一方で、サービス業はどうでしょうか。2012年4月12日に2012年2月期の連結決算を発表したイオンの純利益は前期比12%増の667億円となり、過去最高を更新したそうです。

ここで、製造業は駄目だが、サービス業は堅調だと誤解しないでいただきたいです。米国のスーパーマーケットチェーン・ウォルマートの2011年度の税引き前純利益は244億ドルで、約2兆円。イオンの30倍です。

ここでも「米国企業はすごい」と誤解しないでください。米国企業がすごいのではなく、日本企業が情けないのです。日本企業の最終利益は、欧米や韓国企業の10分の1から10 0分の1に過ぎないのです。

日本企業の利益の低さを世界経済の低迷のせいにする人もいますが、他国企業も世界経済の影響を受けています。でも彼らは儲けているのです。日本企業はグローバルスタンダードにてらすと、劣等生もいいところなのです。

「日本株は欧米株に出遅れているだけだ。これから上昇余地がある」と主張する方もいますが、私はそうは思いません。出遅れるには出遅れるわけがあるのです。**断トツに儲かっていないからなのです。**

「そうはいっても、2012年3月期の経常利益は増益になっているではないか」とおっしゃる方がいるかもしれませんが、最終利益という統一基準で日米欧の企業利益を比べてみてほしいのです。

いま、メガバンクでディーラーをしている我が長男ケンタが小学生のとき、音楽の点数が前学期と比べ50%上がったと自慢してきたことがあります。8点から12点に伸びたのですが、クラス平均は80点だったのです。8点だろうが12点だろうが落第点には変わりはありません。

日本企業の業績もそれと同じことなのです。

Section6

ばらまき財政と日銀への過度の期待が日本をここまで堕落させた！

ばらまき財政により、国の赤字は極端に悪化した！

経済学の教科書には、景気悪化への対処として、「財政政策」「金融政策」「為替政策」があると書いてあります。

バブル崩壊以降、日本が力を入れてきたのが財政政策です。財政を思い切り出動させました。それでも景気はちっともよくならずに、GDPは落ち続ける一方、累積赤字は960兆円という巨額な額に膨れ上がったのです。

民主党政権が加速させたのが、格差是正を錦《にしき》の御旗《みはた》にした「ばらまき」です。

鳩山政権のときは、「格差是正は内需拡大に寄与する」と言っていました。「格差を是正することによって内需を刺激しよう」と言って、ばらまきを正当化していたのです。「何言ってやがる」と私は思いました。

内需拡大とは、１９８６年に前川春雄元日銀総裁が座長になってまとめた「前川リポート」で初めて出てきた言葉です。「前川リポート」は日本経済を今後どうやって振興するかの回答なのですが、当時は日本の貿易黒字が大きくて、「さらに外需拡大」とは対外的にとても公言できない。そこで内需拡大と言い出したわけです。

それ以降、何度も「内需拡大」という政策目標が掲《かか》げられたのに、経済が拡大したことは一度もありません。前に述べたように「前年比、上昇」という例はあったかもしれませんが、経済の絶対的レベルが良好になったことはないのです。

少子高齢化で国内需要が減って条件がさらに悪くなっているのに、いままで一回も成功しなかった政策が成功するわけがないではないか、と私は思ったものです。

それにもかかわらず「格差是正」という名目でばらまいていたのですから、何の効果もなしに累積赤字だけが増えていったのはあたりまえです。

日本の純資産が増えても、財政が健全化したことにはならない

日本の対外資産と累積赤字とを比べて、「まだ日本は大丈夫だ」とおっしゃる識者もいるようです。私は他人の書いた経済学や金融の本や論文はまったく読まないので、どういう主張をされているのか知りません。モルガン銀行勤務時代もよく大ボスに、「少しは他人の意見を聞け」と怒られたものです。

ということで他人の主張をよく知らないのですが、この辺について、自分の考えを少し書いておきます。

まず対外資産についてですが、日本政府の持っている対外資産とは、大方が外貨準備となります。その他の日本の対外資産とは、個人資産や企業のお金のことだと思います。「トヨタが対外資産を持っているから、国の財政は安全だ」と言われても困ります。トヨタは国に資産を没収されるくらいなら、即、国籍を外国に変えるのではないでしょうか。もう時効だから言ってもいいでしょうが、モルガン銀行も税金の関係で、米国から英国の企業に変わるかを検討したことがあるそうです。

同様に、「日本の純資産が増えたから、財政は健全化している」という主張も、もっての外です。

外国人が日本株に投資をすると、日本株の市場は活性化され、日本経済は元気になります。現状、外国人の売買シェアが大きいですから、いま外国人が日本株市場から撤退したら大変なことになります。

ところで**外国人の日本株買いは、日本の負債の増加を意味します。純資産とは「総資産から負債を引いた額」ですから、外国人が日本の株を買い増すと、日本国の対外純資産は減ります。これは日本の財政状況が悪化したことなのでしょうか？**

また、外国人が日本株から撤退して、日本株が暴落したとします。でも日本国の負債が減ったわけですから、日本の純資産は増えます。これで日本の財政状況が好転したことになりますか？　もちろん違います。

日本への海外からの投資が少ないことが、いま問題になっています。**日本の対外純資産が大きいのは、投資先として日本に魅力がないからで、財政が健全な証拠にはまったくならないのです。**

日銀が量的緩和をしても意味はない

日本の景気がとんでもなく低迷しているがゆえに、財政政策と同様、金融政策も最大限に発動されています。

マスコミや識者、政治家には「金融緩和はまだまだ足りない。もっとやれ」と言う人がいるのですが、すでに日銀はゼロ金利という、最大限の金融緩和を行っています。

政治家が「さらなる金融緩和を進めろ」と言っているのは、「さらなる量的緩和を進めろ」と言っているに過ぎません。

しかし、「量的緩和が金融緩和となる」かは極めて疑問です。

昔、経済学を勉強したときに我々は何を学んだのでしょうか？　金融緩和とは金利を下げること。それ以上のことは教わらなかったはずです。日本では、金利がゼロになったあと、長期にわたって大胆に「量的緩和」を行っていますが、効果があったかは疑問です。少なくとも経済学者の間では、「量的緩和には、利下げと同様の効果あり」という結論は出ていないはずです。

米国でもゼロ％まで金利を下げるなどの量的緩和政策を行っていますが、共和党は「FRB（連邦準備制度理事会）がこれまで進めてきた国債購入などの量的緩和は効果がない」として、さらなる金融緩和には反対していると聞きます。

日本でも、今後さらに量的緩和を行っても、効果は期待できないと思います。

量的緩和とは、景気が回復しないのでストレスのたまった世間に対し、日銀がスケープゴートにされただけの話に過ぎないと思っています。

もちろん量的緩和を過激にやれば、インフレを起こすことはできるでしょう。しかし、**それは制御不能で、即ハイパーインフレをもたらすでしょう。**後で詳しく述べますが、それは政策でもなんでもありません。日銀と日本国の自殺行為です。

ところで、2012年の2月に日銀が量的緩和をした後、しばらく円安が続きました。それをもって、「そら、みろ。量的緩和は効くじゃないか」と思われたかもしれませんが、あの円安はそれほど長くは続きませんでした。

あのとき量的緩和とほぼ時を同じくして、ゴールドマン・サックス・アセット・マネジメントの会長であるジム・オニール氏がレポート「Monthly Insights」2012年2月版[Prospects for Japan and Japanese Markets]を出しました。円安はその影響だと私は思っています。このレポートは、日本のマスコミには取り上げられませんでしたが、外国人には極めてインパクトがあったと思います。しばらくコンタクトのなかったモルガン銀行時代のフランス人部下が、「きわめて興味深いレポートです」とEメールをくれたほどです。

ジム・オニール氏はゴールドマン・サックスの有名な元為替アナリストで、私はモルガン銀行時代、彼とよく激論を闘わせました。その当時は意見が正反対だったのですが、今回の分析は細かいところを除いて、**「円と日本国債はバブルである」**という私の主張そのものでした。著名な彼のこの分析を読めば、外国人は、「円と日本国債」を売りたくなったでしょうし、仕掛け時期を狙ったのだと思います。

ですから外国人主導で円安が起きたのと、ちょうど同じ頃、日銀が追加的量的緩和をしたに過ぎない、と私は思っています。

そもそも日銀の量的緩和とは何か

皆さんが銀行に口座を持つように、民間金融機関も日銀に当座預金口座を持っています。**日銀の量的緩和とは、その日銀口座の残高を増やすことです。**

「金融機関が日銀口座残高を増やしたら、貸出等で市中に出回っているお金が少なくなってしまう。それは金融引き締めではないでしょうか」という質問をよくいただきます。この方は「お金の量は一定」と思っているのですが、「お金は日銀がいくらでも増やす」ことができるのです。

日銀がお金を増やそうと思ったら、国債等を民間金融機関から購入し、その代金を、その金融機関が保有する日銀口座に振り込むのです。すなわち日銀口座の残高が増えるのは、市中からお金を引き上げるからではなく、日銀が追加的なお金を供給するからなのです。

昔は、民間金融機関が日銀口座に預けているお金は、必要準備預金額そのものでした。銀行は個人からお金を預かると、その一部を日銀に預けなくてはいけません。個人の預金すべてを貸出に回したり、国債購入に回すわけにはいかないのです。ここでは詳しく述べませんが、金融政策の一手段です。この率を上下することによって金利を上げ下げしようとしたのです。この預けなくてはいけない金額が必要準備預金額です。

民間金融機関が日銀に持つ口座は当座預金ですから、金利はゼロです（現在は一定額以上には0・1％の金利がつく）。準備預金として必要だから日銀の口座に置いておくけれども、金利がつかないので必要ではないものは皆、貸し出した方がよいわけです（当時の貸出金利はそれなりに高かった）。それがゆえに昔は、日銀口座残高は、必要最低限の準備預金額そのものだったわけです。

量的緩和政策を始めてからは、その日銀口座残高が、必要準備預金額以上になりました。

日銀口座残高をジャブジャブにしておけば、民間金融機関は金利がゼロ％の日銀の口座に置いておくのはバカバカしいということでお金が実体経済にしみ出していくだろう、少しでも金利の取れる貸出に回るだろう、という発想で行われ始めたのです。

日銀の国債引き受けは有効な策か

日銀が市場を通さずに直接、国から国債を買うことを**「国債引き受け」**と言います。いまは財政法第5条で禁止されています。昔、ものすごいインフレ、すなわちハイパーインフレを引き起こしたからです。

日銀は現在、市場から国債を購入しています。**「国債買い入れ」**と言います。国債の入札等で国債を手に入れた金融機関から買い入れて、替わり金をその金融機関に供給しているのです。**量的緩和の重要な手段**です。

「国債引き受け」と「国債買い入れ」の違いは、市場を通すか否かだけです。市場を通せば、それなりに市場のチェック機能が働き、国が無尽蔵に国債を増発することはないだろう、との発想です。

その観点からすると、市場にチェック機能がなくなれば、「国債引き受け」と「国債買い入れ」とはまったく同じことになってしまいます。

いま日銀は、量的緩和の手段として、国債買い入れ額を急増させています。政府は日銀に、「デフレから脱却するために、もっと量的緩和を進めろ」と圧力をかけています。

政治家や識者の中には「財政破綻を防ぐために、日銀は国債の引き受けをすべきだ」と主張する人さえいます。

無責任もいいところだと私は思います。過去、中央銀行の国債引き受けは、間違いなく、制御の利かないハイパーインフレを引き起こしています。今回だけはそれを回避できるというのでしょうか。

そう主張するのは、歴史から何も学ばない人たちです。日銀の国債引き受けはマネタイゼーションといって、財政の規律が崩れる契機となるのです。

いま、高層ビルの50階で火事にあったとします。「助けてくれ〜」と外に叫んだら、救助に来た消防士が、「焼け死ぬのが嫌なら、飛び降りろ」と答えたとします。それを救助というのでしょうか。

いま財政破綻防止策として「日銀に国債を引き受けさせろ」と言うのは、この消防士と同じです。「高層階から飛び降りろ」と言うのは救助ではないのです。それと同じように「日銀の国債引き受け」は政策ではないのです。

「財政破綻」と「ハイパーインフレ」、どちらにしても悪夢です。「一つの悪夢を回避するために、もう一つの悪夢をみろ」と言うのは政策ではないと思います。

そうは言いながらも、最終的には私は、「日銀は国債引き受け」に追いやられるとも思っています。一つの悪夢を回避して、もう一つの悪夢を選択することになると思うのです。これについては後で詳しく述べます。しかし、それは結果であって、政策ではないのです。

日銀のバランスシートはこんなにやばい！

日銀は金融緩和を極限まで行い、さらには政府や世論の圧力に屈して無意味に近い過剰な量的緩和を行っているので、日銀のバランスシートにはかなりの問題が出てきています。現在はあまりマスコミで騒がれていないだけです。日銀はこの点を指摘されるのは極めて嫌だと思います。

昔、日銀が兌換《だかん》制度をとっていた時代を考えてください。

兌換制度とは、紙幣を日銀に持っていけば金《きん》に換えてくれる制度です。

厳密に言うと、「米国中央銀行がドル紙幣を金《きん》に一定割合で換えてくれる。円は固定為替レートでドルにリンクしているので、間接的に円は金《きん》と交換可能だ」という仕組みです。

仮にそのとき、日銀が保有していた金《きん》が、実は偽物だと判明したとします。そうなれば円は大暴落するでしょう。紙幣を日銀に持ちこめば金《きん》に換えてくれるはずなのに、その金《きん》が偽物だと知ったら、誰も日銀券（紙幣）を信用しなくなるからです。

現在、日銀は、兌換制度をとっていません。建前では「日銀の政策の健全性が紙幣の価値を担保している」と言われています。しかし、そうは言っても、先ほどの例ではありませんが、**日銀の保有資産が大幅に劣化すれば、日銀が発行する紙幣を誰が信用するでしょうか。**

日銀券の信用がなくなれば、日銀券は暴落すると思います。

そこで、現在の日銀のバランスシートをみてみましょう。

まず**日銀のバランスシートの総資産は１９９１年の49・６兆円から、２０１１年末には１４３兆円と３倍にも膨れ上がっています。**米銀はバランスシートが膨れ上がることを極端に嫌がります。バランスシートが大きくなることは、決していいことではないのです。

それはさておき、大きくなったバランスシートの資産の中身ですが、**現在の日銀の資産の6割以上は日本国債**です。

1991年の国債保有額は24・2兆円で、2011年末は90・2兆円です。

20年間でずいぶん国債を買い足しました。国債市場で日銀が大きな需要家としてのし上がってきたのです。その結果、**1991年**には日銀の資産の中で国債の占める割合は**48・7%**だった（24・2兆円÷49・6兆円）のが、**2011年末には63%**（90・2兆円÷143兆円）まで跳ね上がったのです。

別の言い方をすると、1991年の日銀券の発行額は39・9兆円で、そのうちの一部、24・2兆円分を国債が担保していました。ところがいまや日銀は、80・8兆円（2012年3月末）の日銀券を発行しており、その全部を日銀が保有している国債（90・2兆円）が担保しているともいえるのです。

兌換紙幣時代に日銀が保有している金《きん》が偽物だったら、日銀券の価値が暴落するように、**財政破綻で国債がデフォルトになれば、日銀券の価値も暴落してしまうのです。つまり、円の大暴落ということです。**

よく私は、「日銀券の紙幣の肖像画を、福沢諭吉から国会議事堂に変えれば？」と冗談を言いますが、冗談の背景はそういうところにあるのです。

Section7 景気回復と真逆のことをする国、日本

為替政策を無視してきた日本

経済学によれば、「財政出動をし、金融緩和を発動すれば景気はよくなる」はずです。

それなのに日本の景気はバブル崩壊以降、ちっともよくなりませんでした。何度も言いますが、前年比とかそういう問題ではありません。絶対的な経済レベルが極めて低いままなのです。

日本は「多少の財政出動を発動した」とか「若干の金融緩和をした」というレベルではなく、これ以上は無理なほどの「最大限の財政出動」をし、「最大限の金融緩和」を行ってきました。それでも景気がよくならなかったことは前述した通りです。

日本では経済学の理論がまったく当てはまらないのでしょうか？

それとも経済学自体がまったく無意味な学問なのでしょうか？
私に言わせると、「経済学はあいかわらず有効な学問」です。**日本の失敗は、為替政策を無視してきたことなのです。**

「超円高」で経済に低い天井を設けてしまったので、財政政策を最大限発動しても、金融政策を最大限発動しても、その低い天井に跳ね返されて効果がなかったのです。

肝心の為替政策を行ってこなかったからこそ、日本は低迷し続けているのです。

２０１２年６月16日の日経新聞で、米ＦＲＢ元議長のポール・ボルカー氏が、**「健全な国内政策や国際通貨制度で不均衡が調整されなければ、いずれ金融危機を通じて市場が調整を迫る」**と言っています。

為替政策は、調整機能として極めて重要なのです。

「景気が悪くなれば円が安くなり、景気を回復させる」という調整機能が日本では働かなかったので、国債も円もバブルになってしまい、破裂の危機にあるのだ、と私は思います。

巷には見当違いの景気対策論がウヨウヨ

経済の専門家はいろいろな景気対策を主張してきましたが、為替政策が重要であることには気づかなかったため、時間と金をかなり無駄に遣ってしまったと思います。

ここまで広がった他国との経済力格差を、「観光業に力を入れる」「付加価値がつく産業を見つけ出す」「教育制度を変える」「補助金を増やす」などという生易しい景気対策で埋めることなど、できるわけがないのです。

唯一の景気対策は、円高是正、つまり円安政策だったのです。

円安にしておけば景気は回復し、財政出動をする必要もなかったと思います。円安政策はもっともパワフルで安上がりの政策なのに、それに気がつくことなく、枝葉末節の議論が横行しました。その例は山ほどありますが、その中の2つを紹介しましょう。

一つは、景気対策として12年度の税制改正大綱で、自動車重量税の軽減が盛り込まれたことです。この減税は自動車産業の雇用維持と市場の活性化を支援するためで、安住《あずみ》財務相は「自動車産業には日本経済の牽引役《けんいんやく》になっていただく」と減税理由を説明しています。

たしかに自動車産業は日本の産業の中核的存在で、サポートしないと日本経済が立ち行かなくなるのはよくわかります。しかし、その対策として自動車重量税の減税では、あまりに力不足です。円安政策を前面に押し出すべきなのです。

円安誘導策をとらなければ何をやっても無駄ですし、円安政策こそが根幹とすべき政策です。1円の円安でトヨタは350億円もの営業利益が増えるのですから、そこに政府のエネルギーと金のすべてを振り向けるべきだと私は思うのです。

もう一つの例として、NHKラジオで「モノづくり日本の復活には?」という番組を聞いていたときの話をいたします。

余談ですが、このラジオは内容的には違和感を覚えましたが、番組自体は極めて面白いものでした。

東京スカイツリーのエレベーターの滑車をつくった山形の鋳物屋さんに、キャスターの方が「御社の評判がいいのは、職人さんが長年培ってきた経験や勘がものを言っているからでしょうね~」と聞いたら、答えは「いいえ、わが社は従業員が若くて平均32歳なんです」でしたし、「職人さんの思いが込められているんでしょうね～。それは日本の誇りですよね」と聞いたら、答えは「ローテク産業ではそうなんですが、均一性を求められるハイテク産業だと、それでは(=職人さんの思いが込められていると)不良品になっちゃうんです」だったのです。

キャスターが期待していたと思われる回答がまったく返ってきませんでした。事前の打ち合わせがなかったのでしょうが、それがまた新鮮で、下手な漫才よりよっぽど笑えたのです。

まじめな話に戻ります。この番組は車を運転しながら聞いていて番組の途中で自宅に着いてしまい、全部を聞いたわけではないので迂闊《うかつ》なことは言えないのですが、日本の復活について為替を問題にしていないようでした。

ゲスト解説者の方も、

「80年代、日本の製造業はすごかったのです。80年代は先進国しか需要がなかったので、約10億人の市場を相手に、品質のいいものをモーレツなセールスマンが売り込めば売れたのです。いまは新興国が市場経済に組み込まれているので、市場規模が70億人から80億人になりました。新興国の人たちはそんなに高い品質のものを求めていません。しかし日本人はいい品質にこだわった。だから負けちゃったのです。ビジネスモデルがいけなかったのです。円高のせいとか×××のせいではないのです（×××は忘れました）」

とおっしゃっていたのです。

私は「ものづくり日本」が沈没したのは、ひとえに為替のせいだと思っています。それなのに真逆の話しか出てこなかったので、がっかりしたのです。

1980年代は1ドル240円、いまは1ドル80円と3倍の円高です。ということは現在、日本は80年代と同じ品質のモノを、3倍の値段で売っていることになります。3倍近い値上げでは、いくら品質がよくても日本製品が世界で売れるわけがありません。同じ品質のものを中国は3分の1、韓国も2分の1以下に値下げしている（人民元もウォンも大幅下落）のに、日本だけが3倍にも値上げ（円高）していたら、売れなくなるのはあたりまえもいいところだと私は叫びたいのです。

同じことが、以下のMSN産経ニュース「『テレビ』をあきらめるな」（2012年5月24日）にも言えます。

ソニーやパナソニックを〈世界ブランド〉に押し上げたのは、AV（音響・映像）機器などで画期的な技術革新を世に送り出す開発力にあったためで、その主役は何といってもテレビだった。白黒テレビからカラーテレビ、そして薄型テレビへと、技術革新の先導役にはいつも両社がいた。

韓国勢に敗れた原因は、新興国で売れる価格帯のテレビを上手に供給するなど、海外市場でのマーケティング力の差が取り沙汰《ざた》されている。さらに、歴史的なウォン安が韓国勢に味方した。また日本の電機メーカーはプレーヤー数が多いことが、韓国勢との競争を不利にしているとの指摘もある。

つまり、日本メーカーが長年培ってきた技術開発力が、韓国勢に凌駕《りょうが》されてしまったわけではない。業界再編による技術力の融合など、〈日の丸テレビ〉復活の道はまだあるのだ。自動車メーカーは、いくら業績不振に陥ってもクルマづくりをあきらめたりはしない。電機メーカーにとって、テレビはそれに匹敵する商品なのである。

この記事に書いてあることはもっともなことです。ただ問題は、日本企業が韓国企業に負けた理由を、主として「マーケティング力の差」と捉えていることです。「さらに、歴史的なウォン安が韓国勢に味方した」とあるように、円高が敗北理由の「従」の立場となっていますが、「断固として違う！」と思います。圧倒的に「為替が敗北の原因」だと思うのです。

他社と販売競争するとき、品質に「横綱と小学生くらいの差」があるのならともかく、ほぼ同じ品質なのに4倍や5倍もの値段の差があれば、まず勝てっこありません。
マーケティング力がどんなに優れていても、それほどの価格差は逆転できないのです。

ところで、先日、不動産の管理をしている友人が「最近、日本製品の質が落ちている。これでは外国製品に負けるのはあたりまえだ」と言ったのがすごく気になったので、「なぜだ?」と聞きました。

彼は賃貸マンションの修繕もやっているのですが、買い替えた日本製品が壊れやすいというのです。彼の分析は「最近、価格競争が激しくて、日本企業はすべての部品を自社でつくれなくなった。小さな部品を外注するのだが、その部品が問題を起こす。小さな部品が壊れるだけで、その製品はおしまいなのだ」というものです。

そういった日本製品の劣化もやはり為替のせいだ、と思いました。グローバル市場で戦う日本製品は円高のせいで、コスト削減を迫られます。円安なら余裕で利益を出せますが、円高ではそういうわけにはいきません。

徹底的なコスト削減を迫られると、部品を外注せざるを得なくなり、品質の保証ができない部品を買うことになる。それが故障すれば、日本製品の評判が落ちるのです。悪循環です。やはり円高のせいで儲からなくなったことが、「ものづくり日本」にとって致命的だと思うのです。

為替とは何ぞや？

為替の問題に関しては、2012年の1月に発売した拙著『なぜ日本は破綻寸前なのに円高なのか』(幻冬舎)に詳しく書きましたので、ここでは出版後に多く受けた質問に対する回答や、まだ十分にご理解いただいていない点のみをお話しします。

まず為替の重要性なのですが、「為替とは値段だ」ということを十分に理解していない方もいらっしゃるようなので、その辺を強調しておきたいと思います。

経済がグローバル化した現在、海外市場でも国内市場でも、外国企業と競争しなくてはなりません。競争で一番重要なのは価格だと思いますが、価格とは「円での価格」×「ドル/円のレート」の掛け算で決まるのです(ドル建てのものと仮定して話を進めます)。

販売価格には、「円での価格」と「ドル/円」は同等の影響があるのです。

モノを米国に輸出した場合、円がたとえば200円から100円と、2倍に強くなってしまえば、生産コストを2分の1にしなければ、米国での販売価格を同じに保てません。輸入の場合も同じです。円が2倍になれば、米国からの輸入品の値段は半額になってしまいます。日本企業も販売価格を2分の1に下げないと、価格競争で敗北します。それはモノだけでなく、サービスでも労働力でも同じです。

円が2倍に強くなれば、日本人労働者は給料を2分の1に下げないと、外国人労働者に負けます。国内工場が閉鎖されて、工場が海外に出て行ってしまうということです。産業の空洞化です。

2012年6月20日の日経新聞1面に、「トヨタが2014年にも余剰能力50万台を減らして、国内生産を310万台とする」という記事が出ていました。金融危機前には390万台を生産していたそうですから、5年間で20%も国内生産台数を減らすのです。円高の定着で輸出採算が悪化しているためです。

「15年には世界生産で1000万台を目指す」そうですから、15年には「国内生産が3割、海外生産が7割」ということになります。トヨタがつくる3分の2の車は外国人が作ることになるわけです。日本人はますます仕事がなくなります。

同じく翌日の日経新聞1面のトップ記事は、「日産、国内生産能力15％減」という記事でした。日産自動車も7月から国内の車両生産能力を15％削減し、現在の135万台から115万台程度に減らすそうです。

日産の世界販売台数は現在484万台、16年度末までに760万台以上にする目標を掲げているそうですが、こうなると日産はバリバリの外国企業となります。社長がカルロス・ゴーンというレバノン系ブラジル人で、筆頭株主はフランスのルノー。外国人株主の割合は70％弱、そして85％の車は海外で生産するのですから。

日本企業だろうが外国企業だろうが、日本人に雇用チャンスを与えてくれるなら日本人にとってはありがたい会社です。しかしながら円高は、その雇用チャンスを奪っていきます。自動車業界のニュースから、事態は極めて深刻であることがわかります。

もう少しすると、日本には失業者がどっとあふれそうな気配です。

「実質為替論」は間違っている

拙著『なぜ日本は破綻寸前なのに円高なのか』を出版した後、多く寄せられた疑問・反論が、「実質為替論」でした。「『フジマキは円高だ、円高だ』と言うが、実質為替でみると円は決して強くない」という内容です。

まずは、実質為替論についてご説明します。

マクドナルドで売っているビッグマック。原材料である小麦や牛肉、ピクルスなどが輸入品だと仮定します。ビッグマックの販売コストには輸入品でない労働力などが含まれますが、今回の議論の本質とは違うので無視します。すべての原材料は輸入品だと考えてください。

その仮定のもとで、ドル／円が160円のときに、マクドナルドがビッグマック1個を200円で売っていたとします。

それが為替でドル／円が80円となり、円が2倍に強くなりました。そうなるとマクドナルドはビッグマックを1個100円で売れるわけです。なぜかというと原材料がすべて輸入品なので、コストが半分で済むようになったからです。

ビッグマックの値段が200円から100円になった。すなわち物価が2分の1になったから、ドル／円は160円から80円となっておかしくない。80円は実質、昔の160円と同じ。決して円高ではないよ、というのが実質為替論です。

数式でみると正しいし、机上の学問をしている学者先生にはそう読めるかもしれませんが、感覚からいうと、しっくりとこないですよね。

私に言わせると、**「円が強くなったから、ビッグマックが安くなった。すなわちデフレになった」**のであり、**実質為替論はロジックが逆**だと思うのです。「鶏と卵の関係」とでも言うのでしょうか。ですから、私は実質為替論でもって「いまは円高ではない」という主張に、極めて強い抵抗感を感じます。

「ビッグマックが2分の1と安くなったから、為替で円は2倍と強くなってもおかしくない」ではなく、「円が2倍と強くなったから、ビックマックは2分の1と安くなってもおかしくない」だと私は思うのです。

先日の日経新聞にも「デフレだから円が強くなる」と書いてありました。「だからデフレを脱却して、円高を防止しろ」と大きく書いてあったのですが、私は**「円高を防止して、デフレから脱却しろ」**だと思うのです。

「企業が海外に進出すれば円高は問題でなくなる」の嘘

「円高になっても企業が海外に出ていけば大きな問題ではない」という議論がまだあるようです。これも誤解です。

先ほど述べたように、日産は明らかに外国企業です。ですから日産マーチに乗っていても、「私、外車に乗っているんだ」と自慢してもいいわけです。もっとも外車に乗っていることはもはや自慢でもなんでもないですが（笑）。

とはいえ日本人にとって日産は、それなりにいい会社です。2012年7月から国内生産台数を減らすといっても、栃木工場、追浜《おっぱま》工場、日産自動車九州、日産車体九州、日産車体湘南工場があり、現在、年間135万台もの車の生産のためにたくさんの日本人を雇っているからです。

一方、円が強くなったので、外国人労働力を求めて海外に出て行ってしまった日本企業は、日本人や日本政府にとって、別に好ましい存在でもなんでもないのです。仕事を得るのは外国人であり、所得税、法人税、固定資産税も外国政府に支払われます。設備投資のお金も外国に落ちて、下請の仕事も外国企業に取られてしまいます。

せめて日本人が日本企業の株をたくさん保有していれば、配当金という形で、その企業の利益の分け前をもらうことができるのですが、株主の半分近くが外国人の日本企業も多いのです。そうなると、企業成長の分け前も外国人のものです。

ソニーの株は外国人保有率が前年比6・7％減ったとはいえ、あいかわらず36・5％が外国人保有です。野村ホールディングスも外国人保有率が前年比5・4％減っていますが、いまだ31・7％は外国人株主です。50％以上の株を外国人が持っている大企業も多いはずです。日本の場合は「株式投資は博打《ばくち》だ」みたいな偏見があるので、株式投資が欧米ほど発達していないせいでしょう。

なにせ日本の個人金融資産の半分以上は現金・預金であり、欧米に比べるとその割合が異常に高いのです。

これらを考えると、日本の企業が円高で海外に行くということは、日本人もしくは日本政府にとっては、よいことではないのです。よいとしたら、その会社の日本人経営者にとってだけかもしれません。なにせ人が生きていくためには、「働く」か「お金」に働いてもらうしかないのですから。**日本企業が日本に戻ってくるためにも、そして外国企業に日本進出してもらうためにも、円安は極めて重要なことなのです。**

円は避難通貨ではない

「円は避難通貨だ」という表現をよく聞きますが、この言葉には「外国人が日本に大量の資金を逃避させている」というイメージがあります。ですから、「円高とは外国人が円を買っているせいだ」と誤解している方が多いのではないでしょうか。

しかし、円高とは「外国人が円を買っている」せいではなくて、「日本人が円を売って外国に投資しない」方が主因だと思います。

外国人が円を買っているのなら、一部は銀行預金のままであるにしても、買った円で何かに投資しているはずです。

しかし、「日本の国債の91・7%を日本人が持っている」のならば、「外国人の日本国債への投資は少ない」ということです。

それでは「外国人が日本株を大量に買っているせいか?」というと、それも疑問です。こんなに最終利益が低迷している日本株に、外国人が大規模に投資するとは思えないからです。

それでも、「日本株の売買に占める外国人の割合」が大きいとおっしゃる方がいらっしゃるでしょう。しかし私は、この外国人とは多くが、「黒い目の外国人」だと思っています。「黒い目の外国人」とは、外国人と誤解されている日本人だということです。

日本の投資家が、手数料の安い海外の証券会社を通じてロンドン市場から日本株を買えば、「外国人買い」にカウントされます。日本の年金が、海外証券会社が管理する日本株投信を買っても、外国人買いにカウントされます。外国の証券会社の裏にいる顧客が誰かまでは、統計上わからないのです。

それではヘッジファンドは、日本に資金を振り向けるでしょうか？

ヘッジファンドの報酬は、**「預かり資産の2％程度の固定手数料と成功報酬」**から成り立っています。儲けの約2割がヘッジファンドの成功報酬として払われますが、「儲けの定義」が問題です。銀行預金の利子より低い儲けなのに、その2割を持っていかれたらヘッジファンドの顧客は、たまったものではありません。「それなら何もリスクを取ってあんたらに運用を委託しないよ。自分で銀行預金をするさ」ということになるからです。

ですから、**ヘッジファンドの成功報酬は通常、「6カ月ものドル預金の金利より多い部分」を「儲け」と定義とするケースが多い**のです。

いまでこそ米国もゼロ金利を採用していますが、以前はドルの6カ月金利はそこそこ高かったのです。その6カ月金利よりかなり低い国債等の円資産に投資をしたら、一種のハンディキャップ・レースとなります。

そのハンディキャップ以上に為替で儲かるとかキャピタルゲインを稼げるとか、そういう自信がなければ、わざわざ資金を日本に振り向けるはずがありません。

このように、多くの方が想像しているほど、外国人が日本に投資しているとは思えません。それが前に述べた、「日本の純資産が多い」理由でもあります。

Chapter 2 明るい未来を迎えるための資産防衛術

Section 1 大増税時代は始まったばかりだ！

支出削減だけでは財政再建できない

ここまで累積赤字がたまった状況で、日本が財政破綻を回避する道はあるのでしょうか。「まずは歳出カットを！」という主張があります。聞こえはいいのですが、まやかしです。政府が無駄を省く努力はとても大事なことですし、絶えず行っていかねばなりません。

しかし、これと財政再建とを結びつけるのは間違いです。**財政赤字の額と無駄遣いの額では桁《けた》が違うのです。無駄を省けば、財政再建ができるわけではありません。財政赤字がちょっと減るだけです。**「無駄を省いてからでないと、消費税上げは認めない」というのは単なる感情論です。

くどいようですが、支出削減は極めて大切なことです。ただ無駄を省いたり、国家公務員の給料を下げたり、政治家の数を減らしたところで財政再建はできない、ということです。

歳出の中で一番大きいのは、社会保障費です。歳出の約4割です。内山昭先生が書いた『現代の財政』（税務経理協会）の47ページを引用します。

社会保障費は予算全体に対しては23〜25％であるが、一般歳出でみると40％前後（2005年予算、43・1％）の大きさである。公債費は過去の支出であり、そのほぼ40％は社会保障費にあてられている。また地方の財源となる地方交付税は、地方支出で高いウエイトを持つ「民生費」（地方の社会保障費）を支える。だから40％という数値が実質的意味を持つ数値である。すなわち、この構成によって政府のどんな役割にどれだけ支出されているか、言い換えると税金がどのように使われているかがわかる。

社会保障費が歳出の4割を占める以上、歳出カットは社会保障費を中心にしないと効果がないのです。社会保障費というのは、財政学では「所得の再配分」と位置づけられています。国民から嫌われないために、「社会保障費カット」を「歳出カット」と言い換える評論家や政治家はずるいと思います。

ラフな計算をしてみましょう。今年度の予算において歳出は90兆円ですから、その4割、約36兆円が社会保障費ということになります。防衛費や国家公務員の給料、その他の歳出の合計が54兆円ということです。

歳入は46兆円ですから、それで「その他の歳出54兆円」をまかないます。すると社会保障費の36兆円は、借金でまかなっていることになります。つまり**我々の社会保障費は、すべてを子ども、孫、ひ孫からの借金に頼っている**ということです。

これらの借金のために、子ども、孫、ひ孫が馬車馬のごとく働いて返さねばなりません。現在、借金額が大きすぎて、我々の世代のうちに完済するのは無理なのですから。

社会保障費は「所得の再分配」だと言いました。「再分配」と言っても、現在は「富者から貧者」への再分配ではなく、「未来世代から現代世代」への再分配をしていることになります。

こんなことが許されるのでしょうか？

経済を拡大して歳入を増やせないのなら、社会保障費をカットしなければならないのです。そうでなければ、未来世代があまりにもかわいそうです。

消費税10％は「焼け石に水」

消費税は２０１４年４月に８％、２０１５年10月には10％になりそうです。

国民の不評にもかかわらず、「消費税上げ」を政治生命として貫き通した野田総理は、さすがだと思います。消費税を上げて財政再建への道筋をつけるのは政治家の責務だからです。

「財政は大丈夫なのに消費税を上げるのは何事だ」などと言う政治家は、事態を理解する能力を欠いた人か、状況を理解していながら「耳触りのいいこと」を言って、国民を欺《あざむ》く人のどちらかだと思います。

ですから「消費税上げ反対」を唱える政治家を、私はまったく信用しません。

とはいえ、この期《ご》に及んでは10％程度の消費税上げでは「焼け石に水」で、それだけで財政再建をするのは無理です。しかし政治家である以上、いくら「無理だ」と知っていても、「やるべきことをやって、後は天命なり奇跡を待つ」べきです。「どうせダメなのだから、ほっぽらかし」という態度が一番最悪なのです。

現在、消費税税収は５％の税率で約10兆円です。ということは１％当たり２兆円なのですが、厳密に言うと、5%の消費税のうちの4%が国税分で、1%が地方税ですから、10兆円という国の収入は4%分で、消費税1%につき増収2・5兆円とも言えます。ただ地方の財政もかなり苦しいので、消費税を上げたら、その増加分の配分もいままで通り、国対地方が4対1と考えられます。

というわけで、「消費税を1%上げるごとに、国の歳入増加は2兆円と考えてよいかと思います。2011年度の赤字は44兆円。2012年度の赤字も予算段階で44兆円ですから、それを黒字化するためには、44兆円÷2兆円で22%の消費税増税が必要になります。

また現在、960兆円という借金があるわけですから、仮にそれを毎年10兆円ずつ96年間で完済しようとするとします。この10兆円を捻出《ねんしゅつ》するためには、さらに5%の消費増税が必要になります。ここまでで27%の増税、すなわち消費税は32%です。

32%の消費税だと景気は低迷し、法人税、所得税は減収になる可能性が高いので、もっと消費税を上げる必要があるでしょう。

もし景気がよくなれば、所得税、法人税は増収になりますが、それよりも金利支払い額の増加の方がよほど大変になります。なにせ960兆円も借金があると、すぐにではないにしろ、1%あたり9・6兆円の支払い金利増になるからです。

一方、バブル末期の1990年の税収は、消費税が3％だったとはいえ、たったの60兆円です。あんなに狂乱経済だったのに、です。ですから景気回復で金利が上がり始めたら、消費税はもっと上げなければなりません。

もちろん、明日から消費税を40％に上げるなどは無理だと思います。ギリシャ国民の緊縮財政反対ではありませんが、さすがにここまでは日本国民も受け入れるとは思えません。

このような計算から、消費税の10％への上げでは、残念ながら「焼け石に水」だということです。消費税を10％にしても、960兆円の累積赤字はさらに増え続けていくでしょう。

ハイパーインフレがやってくる！

ここまで累積赤字がたまってしまうと、歳出カットや消費税上げだけでは、財政破綻を避けることはできません。累積赤字の急増を抑えることは不可能だからです。

となると、考えられる道は一つしかありません。

それは「大増税」です。

「フジマキはいま、消費税上げでも、どうにもならない」と言ったばかりではないか？ その舌の根も乾かないうちに！ とおっしゃらないでください。

私のいう増税とは、「インフレ税」のことです。「インフレ税」とは税金という形をとっていませんが、効果は増税とまったく同じです。

ちょっと極端な例で申し訳ないのですが、ハイパーインフレ（ものすごいインフレ）が来て、タクシー初乗りが９兆円になったと考えてください。

国の借金９６０兆円はゴミ同然になります。実質的に９６０兆円の借金など、なきに等しくなるのです。

ところで、ハイパーインフレというのは、政策としては最悪の政策です。ものすごい逆進性（実質的な税の負担が、高所得者よりも低所得者にくること）があるからです。

よく消費税を上げる際、逆進性が問題になります。いまも「低所得者に現金を還元するか」、それとも「複数税率にするか」で自民党と民主党がもめていますが、これは逆進性対策です。

しかし、消費税の逆進性など、ハイパーインフレの逆進性に比べれば、可愛いものです。それを忘れてはいけません。汗水たらして10年間で１００万円ためても、タクシー初乗りが100万円になれば、1回の乗車で貯金はパーです。預貯金をするしか財産のない低所得者層の人たちは、ものすごい貧乏になります。

一方、ある程度、お金を持っている人たちは、株や土地、外貨などインフレ・ヘッジの効くもので運用できます。なんとかインフレに追いついていけるのです。

ということで、**所得が高くて株や不動産、外貨で運用できる人はダメージが小さくて、現金・預金しか持っていない低所得の人が、ものすごく貧乏になる**のです。逆進性が高いと申し上げた理由がおわかりかと思います。

「逆進性が高いから消費税反対」などと言っていると、**「とんでもなく逆進性の高いハイパーインフレの襲来となり、低所得の人たちは何十倍も苦しくなる」**ということです。

増税とハイパーインフレは「国家が国民から富を奪うこと」となる

前項で、私はインフレのことを「インフレ税」と呼びました。なぜでしょうか？

税金とは言葉は悪いのですが、「国家が国民から富を奪うこと」です。

一方、インフレとは「債務者が債権者の富を奪うこと」です。

皆さんが個人タクシーの運転手さんと仮定してください。個人タクシーの運転手さんが1000万円をみずほ銀行から借りていれば、毎月元利金を返すのは大変だと思います。

しかし、タクシー初乗り、2㎞が1000万円になれば、1日に10人のお客さんを乗せれば、1000万円の収入を上げることができます。それを持って、みずほ銀行に飛び込めば、1日で借金が返済できます。ちなみに、この個人タクシーの運転手さんは債務者です。

一方、債権者、すなわち銀行に預金を預けている人は、汗水垂らして貯めた1000万円で10回タクシーに乗ったら、銀行預金はすべてパーです。実質、財産をなくしたも同然です。

すなわちインフレがくると、預金者から借金をしている人、すなわち債権者から債務者へ富が移行してしまうのです。

現在、日本最大の債務者は誰でしょう?

日本国です。債権者は国民、つまり我々なのです。

インフレがくれば、国民から国に富が移行する。すなわち税金とまったく同じです。インフレ税という言葉を私が使ったのはそういう理由です。

ということで、ここまで累積赤字が大きくなると、「インフレ税」を大幅に上げる、つまりハイパーインフレしか解決方法はないのだと私は思います。

そもそもハイパーインフレとは？

私が、「タクシー初乗りが100万円」とかいうと、「大げさだ」というお叱りをいただきます。「フジマキはまた大げさな話をして私たちを煽《あお》っている」とお怒りになる方もいらっしゃいます。私の家内・アヤコがその代表です。

しかし、歴史的にみても「ハイパーインフレ」とは制御不能で大変なものです。

若い方なら、教科書でジンバブエの「山ほどの札束を抱えてパン屋さんに並ぶ少年の写真」を見た方もいるでしょう。どの国の話か忘れましたが、「薪《まき》の代わりに紙幣をストーブにくべている写真」を見た方もいるでしょう。薪より紙幣の方が燃料として安くなったからです。もっとも紙幣を火にくべたら、日本では法律違反だと思いますが。

図表2は、ドイツで1923年の1年間に起きたパンの値段の推移です。**1月に250マルクだったパンが、12月には3990億マルクになっています。換算すると、タクシー初乗り780円が、1年後には約1兆2000億円になった**ということです。「タクシー

初乗り100万円」の例は、決して「大げさ」とお叱りを受けるほどのことでもないのです。

これがハイパーインフレというものなのです。社会生活は滅茶苦茶になります。働いていれば給料も上がるから何とか生きていけるだろうと思うかもしれませんが、給料の見直しは1年に一度くらいでしょう（異常事態ですから、もう少し頻繁に行われるかもしれませんが）。一方でパンの値段は毎日上昇していきますから、とても追いつきません。それ以上に、それまで貯めた現金預金は実質パーになります。

年金生活者などもたまったものではないで

年月	価格（マルク）
1923年1月	250
1923年2月	389
1923年3月	463
1923年4月	474
1923年5月	482
1923年6月	1,428
1923年7月	3,465
1923年8月	69,000
1923年9月	1,512,000
1923年10月	1,743,000,000
1923年11月	201,000,000,000
1923年12月	399,000,000,000

（帝国書院データより）

図表2・ハイパーインフレ時のドイツのパンの価格

すね。インフレを反映して月々20万円の年金が200万円になったとしても、タクシー初乗りが1兆2000億円になっては生きていけません。リタイアしていますから、新しい価格体系での収入がないにもかかわらず、です。

Section 2

日本でどのようにハイパーインフレが起きるのか

財政破綻とは政府機能のシャットダウン

まずは、「財政破綻が起きると政府はどうなるか」を明確にしておきたいと思います。というのもBSフジに、多くの識者の意見をもとに番組をつくっていく「コンパス」（毎週土曜日の夜9時放送）という番組があるのですが、「財政赤字問題」が論点のとき、「財政破綻時には国が借金を返せなくなるのが一番大変なこと」という認識で話をされた識者の方が何人かいらしたからです。

もちろん財政破綻時に、国が借金を返せなくなるのは事実です。しかし、そう捉えると、財政破綻とは「国にお金を貸している人だけが大騒ぎすべき」と受けとられてしまいそうです。何人かの識者が他人事のような議論をしていたのは、そのせいだったのかもしれません。

先ほども書いたように、日本人は間接的に大量の国債を保有しているのですが、それにもあまり気がついていないようでした。

毎年の赤字がそれほど大きくなければ、国債の元本と利息の支払いを止めさえすれば、あとの政府の必要経費は何とかやりくりできるでしょう。

しかし、現在の日本は、税収よりも借金額の方が多いのです。財政破綻になれば、もう借金はできないでしょう。それでもお金を政府に貸し続ける人は、能天気ではなくアホです。

そのような状況では、国債の元利金の支払いを止めても、政府の必要経費はまかなえなくなります。そこで、政府機能がシャットダウンしてしまうのです。

銀行への取りつけ騒ぎが起こるでしょうから、世の中はパニックに陥ります。復興に最善の努力をしてくれた自衛隊員への給料は出ませんし、その他の国家公務員の給料も出ません。地方交付金も止まるでしょうから、警察官や消防士、救急車やごみ収集のお金も出ません。東北の復興費用や生活保護もストップですし、子ども手当ももちろんストップです。

これらが日本で起こりうる財政破綻の影響なのです。

悪夢のシナリオ①――財政破綻編

日本の金融機関は、景気悪化で不必要になった融資向けのお金を、国債購入に振り向けてきました。

しかし、やりくりはもう限界です。国債入札で未達《みたつ》（国債が完売できないこと）が起きれば、財政破綻になる可能性が十分にあります。

先日、ある通信社の外国人記者達と話をしていたら、「日本は、東日本大震災のときもそうだったが、極めて規律のある国民だ。財政状況が悪くなっても、規律正しく義務感で国債を買い続けるのではないか？」と聞かれたので、「いくら規律正しくても、お金がなくなってしまえば買いたくても買えないよ」と答えておきました。

もしくは国民が円預金を引き出し、外貨投資をいっせいに始めると、銀行の円資金が不足します。ギリシャ人が現在ギリシャ国内の銀行から預金を引き出し、ドイツの銀行に預け替えたり、ドイツ国債を買ったりしていますが、それと同じ状況です。

こうなると銀行のお金がなくなりますから、銀行は国債入札に参加できないどころか、国債を売却しないと、円預金の引き出しに対応できなくなってしまう可能性さえあります。

借金というのは、（政府が）借りるぞ、と言っても、貸す方（金融機関）にお金がなくなれば借りられません。

ですから**国債未達のニュースが流れた瞬間に、「国債・株式・為替」市場は一巻の終わりなのです。**政府にお金がなくなってしまうので、日本の財政は破綻し、政府機関の閉鎖ということになるのです。

悪夢のシナリオ②——ハイパーインフレ編

お金がないなら、「日銀がお金を刷ってしまえ」というのが第二のシナリオです。

国債・株式市場は、現在では先物市場の方が断然大きいのですが、先物市場にはストップ安があります。一定額以上値段が下落すると、そこで市場がストップしてしまうのです。市場は何日もストップ安が続きます。国民は不安になり、金融機関から預金を引き出そうとします。世にいう「取りつけ騒ぎ」です。

取りつけ騒ぎを収めるために、政府・日銀は2つの手を打つでしょう。

一つは、現在は財政法第5条で禁止されている「日銀の国債引き受け」です。通常、国債入札は、民間の金融機関のみが参加しています。ですが、取りつけ騒ぎを回避するために、売れ残った分を日銀が引き受けるのです。その替わり金で、政府にお金ができれば、政府機能のシャットダウンは回避できます。

もう一つは、取りつけ騒ぎを収めるために金融機関の店頭にお金を並べ、ATMや店頭に並んだ人たちに「お金はあるぞ！　列の最後の人も預金はちゃんと引き出せるぞ」と示すことです。そのために日銀は、民間金融機関が保有している国債を買い取り、お金を民間金融機関に渡すのです。

引き受けにしろ、買い取りにしろ、政府や民間金融機関を通じて国民にお金を渡すために、日銀の紙幣輪転機はフル活動です。オーバーヒートを起こしそうになります。刷りたてアツアツの紙幣が国や民間金融機関を通じて国民に行き渡っていくのです。お金が足りなくなったので、つくっちまえ（刷っちまえ）という発想です。

ノーベル賞経済学者クルーグマンが「日本をインフレにするのは簡単だ。日銀がヘリコプターで紙幣を日本中にばらまけばいい」と発言したのは有名です。

いままでの私の話では、日銀はヘリコプターこそ使っていませんが、日本中に紙幣をばらまいていることになるのです。
こうして遅かれ早かれ、ハイパーインフレになっていくのです。

また、**財政破綻が実際に起きなくても、「財政破綻リスク」が懸念されるだけで、ハイパーインフレが起こりえます。**

「日銀のバランスシートはこんなにやばい!」のところで書きましたが、日銀のバランスシートがかなり悪化しているからです。

建前では「日銀券の価値は健全なる金融政策が担保している」と言っても、そのバランスシートからみて、「日銀券はひとえに国債によって担保されている」と考えてよい状況です。

「財政破綻リスク」が注目されて、日本国債の価値に疑いが出ると、国債で担保されている日銀券の価値が急落します。お金の価値が下がるということは、ものの値段が上がることですからインフレです。

また日銀券とは日本のお金ですから、日本のお金である「円」が急落します。円の価値が下がれば、輸入品が値上がりします。

1ドルのものを輸入するとき、為替が1ドル80円であれば80円で輸入できましたが、為替が1ドル200円になれば200円の輸入コストがかかるからです。

それによって、インフレが起こるとも言えます。これを輸入インフレと言います。

不況でありながらもインフレが起こる（スタグフレーションと言います）と、日銀は金利を上げざるをえません。そうしないとインフレが加速してしまうからです。

長期金利も当然、上がります。長期金利が上昇するということは、「国が支払う金利」が急増するということで、さらに財政破綻の懸念が広がります。

こうして、ますます円は下落するという悪循環が起こるのです。それが財政破綻のリスクを高め、それがさらなる円の下落を誘い、ハイパーインフレを加速させるという負のスパイラルに陥ることになるのです。

財政破綻とハイパーインフレ、どちらが現実となるか

財政破綻とハイパーインフレが起きたときの惨事は、どっちもどっちです。

ハイパーインフレで物価は毎日上昇し続けるのに、年金や給料は早くて毎月、遅ければ年ベースでしか上がらないでしょう。

政府に頼りたいところですが、政府自身がアップアップなのです。こうなれば国民は生きていくのだけでも大変です。

何はともあれ確実なのは、どちらも悪夢ということです。

先ほど、「確実にハイパーインフレを起こすであろう日銀の国債引き受けを、政策として提案する識者や政治家は無責任だ」とお話ししました。「高層ビルの50階で焼け死ぬか、飛び降りるのか」の選択で、「飛び降りること」は政策でも何でもない、というたとえでした。

どっちもどっちなのですが、私なら熱さに耐えられなくなって、ビルから飛び降りてしまうのだろうな、と思っています。

政策としてはとんでもないのですが、**結論としては、「日本はハイパーインフレになってしまうだろう」ということです。**

Section3

円資産しか持たない日本人はどうなるか

外貨資産は保険と考えて買うべし

ハイパーインフレになると「銀行預金で1000万円貯めても、タクシーに10回乗ればなくなってしまう」わけですから、預金しか持っていない人は大変なことになってしまいます。**現金、預金はいままでこそ一番の安全資産と言われていますが、それは現金に価値があるデフレだからで、ハイパーインフレになると一番危ない資産になるわけです。**

年金生活者の方も大変です。月々20万円の年金が、インフレに連動して1年後から30万円に上がったとしても、タクシー初乗りが100万円になっていれば実質、年金がなくなったも同然だからです。

1997年の韓国の通貨危機のときと同じように、社会が混乱すれば、企業もバタバタつぶれます。

仕事がなくなり、保有している株の価値が大幅に下がる可能性もあります。

ハイパーインフレになるなら株式投資はよい選択とも言えますが、それは一度危機を乗り越えた後の話です。ハイパーインフレになる前に企業がつぶれてしまえば、元も子もなくなります。

このような事態を避けるのは、保険をかけることです。火災に備えて火災保険をかけるのと同じです。

私が、この本で述べてきた財政破綻、もしくはハイパーインフレの可能性が1%以下だと思われる方は、何もしなくてもいいと思います。これまで通り保有資産は円のみでもいい。

しかし「フジマキの言うことは大げさだ」と感じる方でも、**もし「2、3割の確率でフジマキの言うことが起こるかもしれないな」と思うのでしたら、外貨建て資産の購入をお勧めします。**私自身はこのようなことが起こる確率は、時期はともかく、2、3割どころではなく、かなり高いと思っていますが、たとえ2、3割の確率でも外貨建て資産を買うべきだと思います。火事が起きる可能性が1%以下なら火災保険をかけないのは見識であっても、2、3割なら「火災保険をかける」と思うからです。

私のシナリオがはずれ、日本の景気がよくなれば、通貨は国力の通信簿ですから、いま80円の円は60円と強くなるかもしれません。でも損するのは、たったの20円です。160円から60円の円高になり、100円も損するわけではないのです。そういう意味で、保険料は安いのです。

「火災保険に入り保険料を払ったものの火事が起こらなかった」と言って怒る人はいないと思います。火事に備え火災保険に入ったとしても、火事が起きなければ万々歳なのです。

一方で、万が一、財政破綻、またはハイパーインフレになったら、仕事から財産から将来の年金まですべてを失う。国は助けてくれない。1ドル80円が300円、いや400円になれば、**外貨建て資産は急騰しますから、保険として極めて有効だと思うのです。**

円資産を緊急避難せよ！

他の例で説得いたしましょう。

「勤めている会社が倒産しそうだ」という噂が流れたときに、その会社に残り、「最後まで勤めあげよう」というのは一種の見識かもしれません。

しかし、もし自分の財産が社内預金と自社株しかなかったら、それは分散すべきです。そうしないと万が一、会社がつぶれたとき、仕事も財産もすべてを失ってしまうからです。倒産するまで働き続けるにしても、社内預金は銀行に預け替え、自社株は他社の株に買い替えると思います。

同様に、日本の財政が破綻するリスクが高いと思うのなら、同じような行動をとるべきです。**「日本で働き、円資産のみで資産を運用している」人は、いま述べた「倒産しそうな会社に勤めていながら、資産はその会社の社内預金と自社株だけ」の人と同じだからです。**

会社の倒産の場合は雇用保険等で政府が助けてくれるでしょうが、国の財政破綻の場合は、国自身が破産してしまうのですから、助けを期待できません。事態はさらに悪いのです。**ですから外貨建て資産の購入を保険として考えるべきなのです。**

たとえ会社が持ち直して、外貨建て資産の購入で損をこうむったとしても、いいではないですか。会社がつぶれなかったのですから、最悪の事態は避け得たのです。外貨建て資産の損は小さい、小さい！

財政破綻の可能性にある国にいるのなら、**「自分自身は日本から逃げなくても、財産の一部は逃がしておけ！」**ということです。

Section4
財政破綻に備えて、日本を脱出する必要はあるのか

預金封鎖はあるか?

2012年5月7日放送のテレビ東京「未来世紀ジパング」という番組に、ナビゲーター役で出演しました。「沸騰の現場　日本脱出!?　日本の個人資産はどこへ行く?」というタイトルで、ハワイやマレーシアのリゾートマンションを買ったり、シンガポールで外資系銀行に預金口座を開設している日本人を紹介し、その動機を分析する番組でした。

ごくおおざっぱに言えば、不安を感じた個人が円高を好機とみて、自己資産を海外に移しているという内容です。

海外に物理的に資産を移す人の不安は、だいたい次の2つでした。

一つは「財政破綻の際、日本の金融機関が倒産してしまう可能性」であり、もう一つは

「国の財政の補てんのために、国民の財産が没収されてしまう可能性」だったのです。

日本の金融機関の健全性に関しては、VTRの中で、海外口座を開設していた2、3人の人が「『日本の金融機関はすべて破綻してしまう』と言う経済学者もいますし」とコメントしていました。

しかし、財政が破綻しても、日本国が破綻するわけではありません。**銀行は社会のインフラですから、すべての銀行がなくなってしまうことはありえません。**

「長期国債暴落が起こった場合、どの程度ダメージを受けるか」のストレステストをきちんと行い、万が一に備えている銀行は大丈夫だろうと思います。**「私はそう信じているがゆえに、我が長男ケンタをメガバンクの一つに勤めさせている」**と述べたら、パネラーの芸能人の方々は「たしかに、それは非常に説得力がある」と大いに納得してくださいました。

2011年に「全国地方銀行協会」から「長期金利が急騰したときに地方銀行は、どう身を守るか?」に関して論文を書いてくれと頼まれました。私の方から「書かせてくれ」と頼んだのではありません。地方銀行協会の方から頼んできたのです。

ということは、心ある人たちや銀行は、きちんと「エマージェンシープラン(緊急事態対策)」を考えているということです。都銀だけでなく地銀も決して能天気ではないと思います。そういう危機意識をきちんと持っている金融機関は、大丈夫だと私は思います。ただし、「他行も買っているから」と能天気に国債を積み上げている銀行がどうなるのかは、私も知りません。

海外に資産を移すのは、やり過ぎ

「国の財政の補てんのために、国民の財産が没収されてしまう可能性」に関して言えば、その対策として**「資産を日本から脱出させて、外国金融機関の本店や外国支店に預ける」などの対策は必要ない**と思います。

私自身、日本の財政破綻を危惧《きぐ》している点では人後に落ちません。

その点で、海外に資産を移すほどの警戒心をお持ちの方の先見性は尊敬します。

ただ、物理的にお金を海外に移す必要はないと思うのです。番組内でも、ナビゲーターの立場としてそう述べておきました。

海外にお金を移すには、相当英語ができなくてはなりません。外国金融機関が富裕者層をターゲットにサービスを展開しているようですが、よほどの大金持ちでなければ、通訳サービスまではやってくれません。

外国の金融機関の事務センターはインドにあることが多いのですが、インド人に電話口で早口の英語でしゃべられたら、そう簡単に理解できるものではありません。口座を開設することからして大変なのです。

私も海外のビジネススクールやロンドン支店勤務で合計5年半を海外で過ごしましたし、15年間モルガン銀行で働き、最後の5年間は東京支店長を務めました。英語の発音は下手ですが、一般の日本人の方よりは使えます。それでも電話口でインド人に早口で英語をまくし立てられたら、完璧に理解できる自信はありません。

また、**海外に口座を開設すると、税金の問題が出てきます。**いま日本での金融取引では証券税制等いろいろな軽減税率が適用されています。2013年末までは、証券の売買益は10%の源泉分離が選択できるはずです。

しかし、これは日本の金融機関を使った場合、もしくは海外金融機関の日本法人または日本支店を使った場合の話です。

日本の金融機関の海外支店での取引や、海外の金融法人の本店や海外支店での取引には、

税の優遇は適用されないのです。総合課税になりますから、所得の高い方は、税金面でかなり損をするのです。

海外に物理的に資産を逃がす人は、「預金封鎖」を怖がっているのでしょう。

預金封鎖は、日本でも１９２７年と１９４６年に実施されました。失敗はしたものの、２００９年に北朝鮮でも試みられました。

預金封鎖とは、新券を流通させるための前段階です。旧紙幣は新券への切り替え後は使えなくなるわけですから、タンス預金があぶりだされます。銀行預金にしておかないと新券に換えてもらえず、タンス預金の旧紙幣は流通不能な、単なる紙屑《かみくず》となってしまうからです。

そして新券に交換する際には、たとえば旧紙幣２万円に対し、新券１万円と交換することになるのです。こうすれば、国は国民の財産を実質的に没収することができるのです。国民から財産を没収すれば、財政も再建できます。

しかし、預金封鎖、そして新券発行は、ハイパーインフレ時に実施されるのが普通です。北朝鮮のときも、日本の過去２度の預金封鎖実施時もそうでした。

インフレは貨幣量が多すぎることによって起きるのですから、旧券に対する新券の交換割合を絞って、新券の発行量を減らせば、インフレを抑えることができるからです。

そして、それに伴い、国民の財産も没収できるのです。

ところが、日本はいま、デフレの真最中です。私は「財政破綻に伴い、ハイパーインフレが起きるでしょうから、そのための対策をしましょう」と提唱しています。

ハイパーインフレが実際に起こった際、そのときになって考えるべき対策である「国から財産を没収されない方法」をいまから考えるのは、先の読み過ぎです。

私は棋士《きし》ではないので、そんな先の先まで考えたら頭がおかしくなってしまいます。まして や私なぞ、「将棋で『まいった』と相手が投了した後、勝ったはずの名人の席に座り、その譜面から指し続けても必ず負ける自信がある」くらいの頭しかありません。そんな先の先まで考えるのは、「下手の考え、休むに似たり」です。

この先、日本政府が預金封鎖などという「憲法違反もどき」をするとは思えません。先ほど述べたようにインフレ、またはハイパーインフレで、国民の財産を正々堂々と没収できるからです。ハイパーインフレは債権者から債務者への富の移行であることは先ほど述べた通りです。

1946年の預金封鎖当時は、まだ明治憲法下です。明治憲法下ならともかく、いまの憲法下で預金封鎖などという財産没収行為ができるのか、私には疑問です。

以上が物理的に資産を海外に持っていくのは、いまはやり過ぎだと私が思う理由です。

どんな外貨建て商品を買うべきか

「外貨建て資産が保険だ」と申し上げると、「私は英語もしゃべれないし、そんな大変なことはできない」とおっしゃる方がいます。しかし、外貨建て資産の購入のために、海外にある金融機関を使う必要はないと前項で述べました。

外貨建て資産は、日本にある金融機関、日本に進出している海外の金融機関の日本支店で簡単に購入できます。担当者は日本人ですから、話すのももちろん日本語です。

「それでは何を買ったらいいんですか？」とよく聞かれます。

私自身はアメリカをはじめとする先進国の株や、MMF（マネー・マーケット・ファンド／主として短期国債等で運用する外貨建て投資信託）が好きですが、どれを選ぶかはたいした問題ではありません。お取引のある金融機関に行って聞くのがいいでしょう。

何より重要なのは、「外貨建て資産に分散投資する」のか、「全部の資産を円のみにしておく」かの判断です。「保険をかける」か「保険をかけないか」の意思決定が重要であって、「どこの会社の保険会社に入るか」「どの種類の保険に入るか」は取るに足りない問題だということです。

自分の財産を１００の価値のまま保てるかが、これからしばらくの間は重要だと思うのです。外貨建て資産の選択を間違えると、財産は90になってしまうかもしれませんし、選択がよくて１２０になるかもしれません。

しかし、外貨建て資産という保険をかけておけば、日本で万が一のことが起きても、100の資産が0になったり、5になったりすることはないということです。

どのくらいを外貨建て資産に振り向けるかは個々人の年齢、財産額、収入、生活パターン、将来設計、健康具合等で異なります。

米国株でお話しするとわかりやすいのですが、日本の金融機関を通じて買っても、彼らは仲介業者でしかありません。仲介業者が万が一、倒産しても、買った米国株を失うことはないのです。

たしかに保管の問題はあります。ですが、法律で課されている分別管理（自社の保有株と顧客の保有株はきちんと分別して管理し、顧客資産を自社のために流用しない）をきちんと行っているような信用ある金融機関なら大丈夫です。

どうしても日本の金融機関が信用ならないというのなら、外国の運用会社が運用しているＭＭＦ等を、日本の金融機関の窓口で買えばよいのです。米株と同じで、仲介機関が倒産したとしても関係ありません。外国の運用会社が倒産しなければ、大丈夫なのです。

もちろん、分別管理をきちんと行っている会社を選んだ方がいいのは、米株の場合と同じです。

私自身は、日本の金融機関が運用しているＭＭＦと、海外の金融機関が運用しているＭＭＦの両方を日本で購入しています。分量では日本の金融機関が運用しているＭＭＦの方が多いです。

Section5

ハイパーインフレに備えるべき、外貨資産以外の商品は何か

不動産の保有をどう考える？

外貨建て資産は不可欠だと述べてきましたが、ハイパーインフレを迎えるとしたら、他にどのような商品がよいのでしょうか。

まず、不動産です。

私自身かなりの借金をして、ワンルームマンションをはじめとする不動産を所有しています。この投資法は基本的に悪くはありません。国のバランスシートと同じだからです。多額の借金をして、それで不動産を持っている。国も巨大な借金をして、橋や道路等の資産を持っています。

国と国民の利益が相反してぶつかり合えば、間違いなく国の思った通りになります。国

が莫大《ばくだい》なる借金を実質的にチャラにしなければならない状況に追い込まれている以上、いずれはハイパーインフレになるだろうと思うのです。

したがって、私の資産運用の基本は、「国にならえ！」です。もちろん、国ほど借金過多ではありませんが。

しかし、不動産を買うときは、きちんとストレステストを行うべきです。ストレステストという言葉は原発問題でしきりに使われていますが、もともとは金融の世界から始まったテストです。

最悪の事態が起きたときに、どこまでダメージをこうむるかをはかるために行うのです。モルガン銀行のリスク管理チームが開発したＶａＲ（バリュー・アット・リスク）というリスク管理システムは、いまでは邦銀をはじめとする世界のあらゆる金融機関が使うようになりました。「99％の確率で起こりうる損失額」を決めて、それ以上のリスクはとらないにしようという考え方です。

その後、「時々はストレステストをしろ」という指示が本店から出るようになりました。ＶａＲでは、１００日中99日は想定された最大限の損に収まるのですが、１日は想定額以上の損が出ることになります。その１日のせいで倒産してはまずいので、起こる確率の低いケース、たとえば1万日に一度しか起こらない異常事態を想定して、そのときに起こりうる損失額を計算せよ、というものです。

このストレステストは不動産を買うときにも重要で、私も不動産を追加購入するときは、ストレステストを行っています。

借金のし過ぎで、万が一のときに自己破産しては困るからです。

私自身がやっていたストレステストの前提、すなわち最大のリスクは、「東京に直下型地震が起こったときに、建物が全壊するケース」です。地震で建物が全壊したとしても、銀行の借金はそのまま残る。土地の値段は急落するだろうが、半分くらいの値段は残るだろう。土地を売って銀行の借金を返せば、自己破産はしなくて済む。それを基準にして借金可能額を決めています。とくに最近は、東京直下型地震の危険を指摘するニュースが度々出るので、慎重に計算しています。

2011年、福島第一原発が爆発したあと、「東日本が駄目になってしまうかもしれない」と当時の菅首相が発言しました。

実はこのとき、私は自分のストレステストの甘さに気づいたのです。

それまでの私のストレステストは、東京の地価が半額になるという前提でした。しかし、東日本が全部駄目になったら、東京の地価もゼロではないか？　そうなれば私は自己破産だ、と恐怖に駆られたのです。

ハイパーインフレで不動産価格が急騰するにしても、その前に私が自己破産していては、話になりません。ハイパーインフレ到来の前に、担保としての不動産を取られてしまうからです。

放射能漏れはあまりに異常事態だとしても、財政破綻に対する備えは間違いなく必要です。

財政破綻時には、いままで述べてきたように社会的混乱が起こります。１９９７年の韓国のように多くの会社が倒産し、失業者が町にあふれるでしょう。そのとき、私のワンルームマンションのテナントも失業し、家賃が払えなくなっているかもしれません。

私は銀行から多額の借金をしていますから、毎月の元利金の支払いに追われます。でも家賃は入ってこないのです。うかうかしていると、ワンルームマンションを担保として銀行に差し押さえられてしまいます。

ハイパーインフレがくる前に不動産を差し押さえられてしまったら、泣くに泣けません。

その対策が必要なのです。その対策が外貨建て資産の購入なのです。

もし財政破綻が起きたなら、いままで何度も書いてきたように、円は急落します。80円のドル／円が、３００円になるかもしれないのです。

もしそうなれば、80円で買ったドルを３００円で売り、そのお金で銀行に元利金を払い続けられます。そうやって暗く深い闇を乗り越えていくうちに、今度はハイパーインフレの時代がやってくるでしょう。

ですから、いろいろなリスクがあるこの時代、「借金をして不動産を保有する」だけでは不安だと思っているのです。

まずは外貨建て資産という保険を用意したうえでの、不動産購入が望ましいと思います。

不動産について、もう一つだけ申し上げておきます。

よく「少子化だから住む人が減って地価が下がる」とおっしゃる方がいますが、ハイパーインフレがくれば、下がるわけがありません。 たとえば坪50万円の土地は、ハイパーインフレでタクシー初乗りが１００万円になれば、坪７０００万円になると思います。

ただ少子化だから、坪１億円にはならない、ということです。

地価の予想で一番重要なのは、お金の価値、すなわち「インフレになるか、デフレになるか」であり、少子化が続くか否かは、相対的に小さな問題なのです。

ところで不動産投資ですが、日本の不動産にこだわらず、海外の不動産も考慮に入れるべきです。確かに海外不動産の実物を買うには契約書を読み込んだり、スムーズに相続を完了させるための遺言書が必要になるなど、かなりややこしいことが絡んできます。

それを回避するには、**海外REIT《リート》（不動産投信）**も一考です。ちなみにリートとは、**投資家から集めた資金を複数の不動産（ビル・マンション・店舗・倉庫等）に投資し、賃料収入や売却時の値上がり益を投資家に分配する商品**です。もちろん手数料は取られますが、難しいことはすべてプロがやってくれるのです。

もっとも相続の際の節税対策等を考えれば、やはり不動産に関しては、国内の方がいいのかもしれません。これも個々人の事情によって異なってきます。

株式投資はハイパーインフレ時に儲かる

◎危機を乗り越えうる会社に投資しよう

ハイパーインフレになると考えるなら、株式投資は悪くはありません。

しかし問題は、不動産保有と同じで、ハイパーインフレが起きる前の社会的混乱時に、その企業が生き延びられるか否か、です。

１９９７年の通貨危機を生き延びた韓国企業のように、危機をくぐり抜けた企業はぐんぐん成長するでしょう。ですから、どの企業が危機にうまく対処できるかを判断しなくてはならないのです。

東京電力やＪＡＬの例もありますから、規模が大きければいいというものでもありません。ただ、大幅円安が来るでしょうから、輸出関連株はいいとは思います。

◎日本株より米国株のほうがいい

そうは言いながらも、私は日本人が日本株ばかりに固執するのが不思議です。

いまだったら私は、米株を中心とする先進国株に投資します。もっとも、先進国といってもユーロ圏の株は避けます。通貨ユーロの先行きが不安だからです。

日本株に関しては、大幅円安になり、国内企業の業績が回復しそうなときに投資を再開すると思います。現在、日本企業は円高のせいで、欧米や韓国企業に比べて10分の1から100分の1しか儲けを出していないからです。

図表３をみてください。

１９８９年は日本のバブルが真っ盛りで、日経２２５は12月に史上最高値の３万８９１５円をつけ、12月末は３万８７５３円でした。そのときのＮＹダウは２７５３ドルですから、23年後のいま、米国株はそのときの４・６倍にも上昇しています。

一方、日本株は４分の１以下です。情けなや、です。

欧米株には為替のリスクがあるとおっしゃる方がいますが、１９８９年末のドル／円は１４３・４０円。いまは約80円ですから、為替だけでみると、ドルは45％ダウンです。

しかし、その為替を勘案しても、米株は円で１９８９年末の２・６倍です。１００万円が２６０万円になったということです。１００万円が22万４０００円になってしまった日本株より、よほど魅力的だったのです。

もし多くの日本人が米株に目をつけて米株投資をしていたら、円売りドル買いで、円安／ドル高が進み、米株投資は結果とし

	1989年末	2012年7月19日
NYダウ	2,753 ドル	12,943 ドル
日経225	38,753 円	8,796 円

図表3・23年間での日本と米国の成長差は歴然！

て、もっと魅力的な結果になっていたでしょう。

いまは資産を防衛する時期であって、増やすことを考える時期ではないのですが、そうはいっても資産運用の大原則は、「強い国のリスク資産を買う」ことです。

日本が強かった1980年代には日本の不動産と株に投資し、1990年代から2000年代には強い米国の株や不動産に投資するのが原則で、それを実行した人がお金持ちになれたのです。残念ながら、寡聞《かぶん》にしてそういう方をあまり存じ上げないのですが。**世界で一番強い国は、いまも米国だと思います。**

ですから、資産を防衛する時期といっても、なぜ日本人が米株を買わずに日本株に固執するかが不思議でならないのです。

なぜ米国は強いのか

米国が強いのは、まず第一に資本主義国家のリーダーだからです。「資本主義国家で市場原理が発達している国だから」というのが第一の理由です。何か問題が起きても、市場が絶えず微調整をしてくれ、バブルができるなどの大きな問題を生じさせません。

「米国にもリーマン・ショックという不動産バブルがあったではないか。それが破裂し、いまもその後始末に苦しんでいる」とおっしゃるかもしれませんが、それは「バブル」という言葉に騙《だま》されているだけです。

私は1990年からハワイにある不動産の定点観測をしていますが、ハワイの不動産は1990年から約3倍になった後、バブル崩壊で1990年の2倍くらいまで下がってしまいました。

しかし、米国の「バブル」や「バブル崩壊」とは、その程度のものです。「短期間で10倍と暴騰し、その後、短期間で10分の1に暴落した」日本の不動産価格の「バブル」や「バブル崩壊」とは、程度が違うのです。**米国は市場原理が発達しているので、膿が大きくたまることはない。これは大きな強みです。**

第2の理由として、財務大臣がプロ中のプロですので、財政、金融や経済のコントロールに安心感があります。ゴールドマン・サックスの最高経営責任者だったポールソンやルービン、ハーバード大学の教授だったサマーズ、財務官僚だったガイトナーという金融界のプロ中のプロばかりがリーダーシップをとっているのです。

ジェネラリストが重視される邦銀では、その部署の扱う商品をほとんど把握していない人が、その部署のトップになったりしますが、米国金融機関では、商品について一番よく知っている人が、その部署のトップとなります。スペシャリストの集団だからです。

その意味でポールソンやルービンは、生半可な金融マンではありません。細かいことにまで精通しているのです。こういうプロ中のプロが米国経済を仕切っているのです。政策が信頼できるのは当然だと私は思います。

「米国経済が強い」と私が思う第3の理由は、株価自体がそう言っているからです。

「株価は6カ月先、1年先の景気を予測する」と言われますが、その米国株価自体が強いのです。

今後、景気が減速すると思えば、誰も株など買いません。投資家は、ユーロ問題、新興国の景気減速懸念等の事実や予想を咀嚼《そしゃく》したうえで株を買っています。決して能天気に買っているわけではないのです。

その株価が、2007年10月につけた史上最高値に迫ろうとしているのです。ですから私は、米国経済が強いというのです。

しかも株価には、「景気を予想する以上の働き」があります。「株価自体が実体経済を押し上げたり押し下げたりする」のです。

日本のバブル時代のシーマ現象は有名です。日産の当時の高級車シーマがバカ売れした話です。土地や株の価格が上がって、皆、お金持ちになったつもりになったから、軽自動車のかわりにシーマを買った。シーマが売れているので、投資家はさらに日産の株を買い増す、という好循環が生まれたのです。これを**「資産効果」**と言います。

株価の上昇が消費を刺激した。それがさらに株価を押し上げた、という具合です。

一方で米国株価が史上最高値をつけた頃、多くの米国人エコノミストが、「これから米国の景気が悪くなるぞ」と言っていました。彼らのロジックは「いま、米国株と不動産はバブルである。近々バブルが崩壊するだろうから、景気は悪くなるぞ」だったのです。

不幸にして当たってしまったのですが、これはまさに**「逆資産効果」**です。

そういう観点で、最近の米国株価の動きを振り返ってみてください。

リーマン・ショックの1年前の2007年に史上最高値をつけた後、リーマン・ショックを受けて、一時、最高値の半額程度まで急落しました。

しかし、また上昇して、いまや史上最高値を再度狙おうという勢いなのです（次ページの図表4参照）。

ちなみに、日本株の値段は情けないことに、米国の株価が史上最高値をつけた2007

年10月9日と比べても、その半分です。

米国ではリーマン・ショック後に財産価値が半分になってしまったと気落ちしていた人が大勢いました。しかし、最近の株価の急上昇で、価値は回復しました。半値のときに買った人は、財産が2倍近くに膨れ上がっている。そこで資産効果が働きます。その観点からしても、米国経済は強いのだろうと私は思っています。

専門でないことはあまり述べないように心掛けていますが、ミクロの話を一つだけしておきます。

いま私はシェールガスに注目しています。米国のシェールガスの採掘技術が発達し、環境汚染なしに採算に合う採掘ができるようになれば、米国はさらに強くなるでしょう。

シェールガスは米国内で採掘できるので、米国の貿易赤字を減らす可能性があるからです。

そうなると、エネルギー防衛のために米国が中東に展開

	米国	日本
2007年10月9日	14,164ドル (史上最高値)	17,159円
2012年7月19日	12,943ドル (△9%)	8,796円 (△49%)

参考　1989年12月29日　¥38,915(史上最高値)

図表4・2007年と2012年の米国・日本の株価

している軍事費の削減ができ、財政赤字対策にもなります。

現在、かなりのエネルギー資源がホルムズ海峡を通っているので、米国は強力な軍隊を中近東に送っているわけですが、その必要性がなくなるわけです。

米国経済は強いですし、個々の米企業は日本企業よりはるかに儲かっている。儲かっている企業ばかりの国だから、経済が弱いわけがないと私は思います。

いまこそ米国株の購入を考えるべし！

外貨建て資産は日本の金融機関や、日本に進出している海外の金融機関の日本支店で簡単に購入できるとお話ししましたが、米国株も同じです。私自身も日本の証券会社で買っています。

日本の昼間に買ってもいいのですが、米国市場が日本の夜間に開いている以上、昼間に買うと多少値段が不利になる可能性があります。ですから私は、昼間に日本の証券会社に電話して、ＮＹ市場のオープニングで売り買いをするよう指示を出します。時々刻々と米株の価格変化を教えてくれる無料のウェブページがありますので、ＮＹ市場のオープニング時の価格はそれでチェックしています。

ちなみに私が使っている無料のウェブサイトはCNNMoney（http://money.cnn.com/）です（右上の白字の部分にある「Enter symbol or keyword」の中に買おうとする会社のシンボルを入れる。たとえばＪＰモルガンチェースなら、シンボルはＪＰＭ。このシンボルはＮＹダウ30社であれば、ウィキペディアの「ダウ平均株価」のサイトに出ている）。

繰り返しますが、日本人は米国株にあまりに馴染《なじ》みがなさすぎると思います。

私が「外貨建て資産に分散投資をしよう」と講演会などで申し上げると、すぐＢＲＩＣｓ（ブラジル、ロシア、インド、中国）諸国の株購入を考えてしまうようなのです。

分散投資に値するのは、まず米国で、その次はオーストラリア、スイス、英国、カナダ、ニュージーランド等の先進国、最後にＢＲＩＣｓ諸国なのだと、私はいつも言っています。

日本の証券会社は、米国株のセールスを怠っていたと思います。ＮＹダウには米国を代表する30社しかありません。皆さんがいつも耳にするような名前ばかりです。中国の企業のように、読み方もわからないような企業ではありません。

日本人は株を買うとき、「外国株を買うという発想」が頭からないように思います。日本株を買おうと決めてから、「どの会社の株がよいか」の選択をするようです。

そうではなく、株の購入を決めたら、「どの業種か」を最初に決めるべきだと私は思うのです。どの業種がいいかを考えた末、たとえば自動車業界に決めたとしましょう。そして自動車産業の中から、いろいろなリスクとリターンを考えて会社を選ぶべきだと思うのです。まずはトヨタも日産もフォード・モーターズも一並びでピックアップします。その中から最終的に1社を選ぶのです。

各社にはいろいろなリスクとリターンがあります。そのリスク（ひょっとするとリターンかもしれません）の一つに為替リスクがあります。だからといって、なぜフォード・モーターズの株が選択リストからはずれてしまうのかが理解できないのです。

前に述べたように、トヨタの2012年3月期の純利益は2835億円です。タイの洪水や震災があり、2011年度はとくによくなかったので2010年度は約4100億円でした。一方、フォード・モーターズは米国では斜陽産業と言われる自動車産業の代表ですが、2011年12月期の純利益は202億ドル（1兆6000億円）もあるのです。トヨタ2800億円対、フォード・モーターズ1兆6000億円です。

フォードモーターズはトヨタの6倍近く儲かっているのに、日本人の株選択のスタートラインにも立っていないのです。これは明らかにおかしいと思います。

情報の欠如か？　為替リスクを大きくみすぎているのか？　証券会社の怠慢なのか？　そのいずれかでしょう。

先ほど述べたことを思い出してください。**1989年と比べると米国株は4・6倍。日本株は4分の1以下です。為替より、よほど動きが激しいのです。**

金投資は儲かるのか

金《きん》投資については、インフレがくると思えば、分散投資としてもそれなりの意味がありますます。しかし、だからといって、諸手をあげて「さあどうぞ」との推薦はしにくいのです。オールマイティーではないからです。

注意すべき点は、**1トロイオンス＝○○ドルという値段は、「国際市場での価格」で決まる**という点です。**金《きん》の国際価格は日本の経済情勢で決まるのではなく、世界の経済情勢で決まる**のです。日本が大インフレでも、世界全体が大デフレだと暴落してしまうのです。

金《きん》のドル価格は2000年の約300ドルから、一直線に上がってきました。新興国の盛んな経済活動によるインフレ懸念が理由です。日本で「世界経済は低迷している」「資本主義はもう終わりだ」などと騒いでいた間に、景気過熱・インフレ懸念をベースに、金《きん》価格は上昇を続けたのです。

2011年には1900ドル近くまで上昇しました。現在は少し落ち着き1トロイオンス＝1583ドル（2012年7月19日）ですが、それでも2000年から5倍以上に上昇しているのです。

一方で、「金は世界のインフレをすでに織り込んでいてバブルだ」と説く外国人投資家もいます。実際のところ、欧州危機が騒がれるなど世界景気の低迷が喧伝《けんでん》されるようになってから、300ドル以上値を下げているのです。

金《きん》の「円価格」は、この「国際金価格」に為替が加味されて決まります。1トロイオンス＝1600ドルが1200ドルと値下がりしても、1ドル＝80円が120円の円安になれば、「円での金《きん》価格」は1トロイオンスあたり12万8千円から、14万4000円へと上がるのです。「いずれは円が大幅に安くなる」と予想する私は、だからこそ「悪くない商品だ」と最初に申し上げたのです。

金《きん》は安全資産ではありますが、重くて持ち運びに不便なのが欠点です。金庫に保管しておいても泥棒が怖くて、おちおち外出もできなくなります。それでは現物を金庫に保管しないで、金《きん》取引業者の金庫に預けておいて、保管書を持っていれば預金通帳と同じではないか？　とおっしゃるかもしれません。

しかし、財政破綻やハイパーインフレなどの社会的大混乱が起きたとき、その会社が万が一つぶれてしまえば、預かっている金《きん》が返済されない可能性もあります。「分別管理（顧客の保有物と自社の保有物を別管理すること）」をしなくてはいけない法律がありますが、それに違反し、顧客の金《きん》を会社のものとして使ってしまった上で倒産した会社と取引をしていた場合、「違反だ、金《きん》返せ」と訴えて経営者を牢獄にぶち込むことはできても、金《きん》は返ってこないでしょう。ないものは返せないからです。外貨建て資産のところで述べたのと同じ話です。

こうなると、絶対の「安全資産」とも言えなくなります。保護預かりを選択するのなら、法律を順守する会社を選ばなければなりません。

預金にもほとんど金利がつかない時代ですから、あまり気にならないかもしれませんが、**「金《きん》は利息を生まない」**点も重要です。「毎日キンキラキンをみるのが快感だから、それでいい」とおっしゃるかもしれませんが、道楽目的なら、私は絵画を選びます。

Chapter 3 さらば社会主義国家・日本

Section 1

日本が立ち直る処方箋はあるのか

IMFの介入で日本は生まれ変わる

私は遠くない将来、ハイパーインフレか財政破綻により、大幅円安になると思っています。リスク管理として分散投資をしていることは前述した通りです。

その後は、日本経済は劇的によくなると思っていますが、それは一時的な改善にすぎないかもしれません。日本の仕組みが大本《おおもと》から変わらないと、また同じことが起きます。

政治家がばらまきを再開し始めたとき、マーケットがチェック機能を果たさないと、再び財政赤字が大きくなります。リターンの高い海外に資金が還流する仕組みがないと、国内のみに資金が滞留し、国債バブルが起きます。もしくは国内不動産か株式に資金が回り、そちらのバブルが起きます。大きくなったバブルは破裂して、社会が再度混乱します。円バブルも起きて企業収益は低迷し、日本経済も低迷します。まさに、いつか来た道ということになります。

日本人は外からの圧力がないと変われない国民だと思います。明治維新しかり、第2次大戦後の改革しかり。「不幸中の幸い」というべきか、今度のクラッシュでも同じような外圧、つまりＩＭＦ（国際通貨基金）が入ってきて、はじめて日本は変われると思うのです。屈辱的なことですが、致し方ありません。

「まさかＩＭＦが？」と思う方も多いかと思いますが、１９９７年に韓国にも入ったのです。韓国に入ったのに、「日本には入るわけがない」とどうして断言できるでしょう？

日本はこれまで社会主義的で、市場原理が働かなかったから、ここまで財政赤字が膨れ上がったわけですが、そこにIMFが介入してくると思います。

ＩＭＦによる改革のメスが入れば、日本にも資本主義が導入されると思うのです。

世界には社会主義体制と資本主義体制があります。

社会主義とは、「頭のいい少数の人が計画的に経済を決めていく」制度です。

一方の資本主義とは、「一人ひとりの参加者は社会主義国家のリーダーほどは頭がよくないかもしれないが、非常に多くが参加する市場で、資源分配を決めていく」制度です。**「個々人が自分自身の利益追求に専念すれば、社会全体の最適状況が達成される」**という極めて都合のいい仕組みです。市場がないと成立しませんから、市場主義と同義語です。

その資本主義・市場主義が、ハイパーインフレか財政破綻後の日本に、IMFによって導入されると思うのです。

日本の政治のここが悪い！

先日、BSフジの「コンパス」という番組にスカイプ参加したのですが、「何も決められない日本の政治は何が問題か?」という質問がありましたので、「市場がチェック機能を果たしていないから」と答えておきました。

日本では「消費税を上げる、上げない」で民主党内でもめて、なかなか結論が出ませんでしたが、欧米で同じようなことが起きたら、長期金利が急騰したでしょう。そこで政治家は即断を迫られるのです。

つまり、市場がチェック機能を果たしていれば、政治家はのんびりと構えてなぞいられないのです。

「日本の政治は三流だ」とよく言われますが、市場のチェック機能が働けば、政局のみにとらわない「決断の政治」に変わらざるを得ないと思います。政治家が何もしないと、市場が乱高下して滅茶苦茶になり、マスコミにたたかれますから。

ところで、「資本主義と民主主義」は表裏一体の関係ですので、「真の資本主義国家」であると同時に、「真の民主主義国家」であることも重要です。

ポピュリズム政治ではない真の民主主義が構築され、市場によるチェック機能が発揮されれば、政治的にも最高です。

そこで、日本の政治に関して私がいま強く思うことは、**「1票の差があまりに大きすぎる」**ということです。ですから、まずは「その1票の差を解消」することを考えなければなりません。

ただ私の言う「1票の差」とは、マスコミが取り上げている「地域の格差」ではありません。それも大変重要なのですが、私が懸念しているのは**「世代間の格差」**です。

実は、この点に関しては私が毎週連載している「週刊朝日」の「案ずるよりフジマキに聞け」にも書きました。これを書いた契機は、2012年4月23日の朝日新聞の1面に、

「あなたは1票　ママなら2票」という記事が載ったからです。

簡単に言うと、2011年3月にハンガリーの与党が、「子育て中の母親には2票を与える」という項目を憲法改正案に盛り込んだそうです。ハンガリーで、ここ数年の非常に重要な政治テーマは年金や社会保障ですが、高齢者の意見ばかりが通っている。それを是正するための発想だったそうです。

先日も、テニス仲間のMさんと、これに似たトピックを議論しました。意見があまりに過激だったので、どこにも発表しなかったのですが、「ハンガリーの話を朝日新聞が取り上げたのなら話は別だ」と思い、「週刊朝日」に書いたのです。概要は次の通りです。

まだ生まれていない子どもはもちろん、20歳未満の子どもにも選挙権がない。だから彼らは、『自分たちへの負債のつけ送り』に対しての拒否権が発動できない。「現代世代」と「将来世代」の利益がトレードオフの関係（一方を実現すると、もう一方は犠牲になること）にあるのなら、両世代は平等に近い数の代表者を国会に送って、意思決定をしなければならないハンガリー与党のように「母親に2票を与える」というアイディアを思いつかなかった我々の結論は、「現役世代の利益代表者を減らすしかない」というもので、「80歳以上の高齢者の選挙権をなくす」という案でした。

これは、未熟だからという理由で20歳未満の若者に選挙権を与えていないのと対をなします。もちろん、20歳未満でも国の将来をまじめに考える頭脳と能力を持った若者がいますが、どの若者がそうであるかが判断できない以上、一律に20歳未満に選挙権を与えていません。

同様に、80歳を過ぎても若者世代のことを考え、頭脳も我々よりはるかに明晰《めいせき》な方もいらっしゃると思いますが、どの高齢者がそのような方であるかわからない以上、一律に80歳以上の方には選挙権を制限する、というものです。

なんだったら、私も含めた62歳以上の選挙権剥奪《はくだつ》でも構いません。

こんな提案は過激すぎるし、政治的に受け入れられないことは十分に承知しています。

こんな提案をすれば、高齢者の方に嫌われることも十分承知しています。

しかし、**現役世代の社会保障はまさに若者の犠牲の上に成り立っていて、その犠牲があまりにも大きい以上、彼らが拒否権を発動できる仕組みが、ぜひとも必要だ**と切に思うのです。

専門の話ではないので、これ以上申し上げられませんが、政治に関してもう一つだけ言わせていただくと、いまの日本の衆議院・参議院の仕組みは、米国の上院・下院の制度にもう少し似せたらどうかとも思っています。

ジョン・F・ケネディやヒラリー・クリントンなど皆さんが知っている米国政治家の多くは、上院議員です。400人以上の下院に対し、上院は100名が定員ですし、政治家の多くは下院から上院を目指します。

日本の衆議院・参議院の仕組みも平等同然ではなくて、多少なりともステータスなり権限なりの差をつけた方がよいと思うのです。

リーマン・ショックは市場原理が働かなかったために起こった

「社会主義国家から真の資本主義国家へ脱皮せよ」と申し上げると、多くの方の反応は「そうは言っても資本主義も駄目ではないか。最近は『資本主義は終わった』という意見が多いぞ」だと思うのですが、そんなことは決してありません。

たしかに資本主義・市場主義にも数多くの弱点があります。しかし、「資本主義とは最悪な制度である。ただ人類は、それ以上の制度をいまだ発明していない」と世界では言われているのです。

これ以外にも、「日本の常識が世界の常識ではない」ことがまま、あります。

たとえば2008年のリーマン・ショック前の世界経済は、5％成長が5年間も続いていました。30年ぶりの好景気だったのです。

ですから世界は無茶苦茶に景気がよかったのに、そのときから日本では「資本主義は終わった」と喧伝されていたことは前述の通りです。他の国の認識とはまったくかけ離れていたのです。

日本のGDPが20年間伸びていないことも述べましたが、そのような国から世界をみれば、見方が偏《かたよ》るのは致し方ないのかもしれません。

中国のGDPは、20年近く10％前後の成長を続けています。20年前に8分の1だったのに、2010年に低迷を続けた日本を抜いたのです。人民元安とともに、市場経済を取り込んだのが要因でしょう。

私がモルガン銀行に勤めていた頃、外国人の間で有名だったジョークは、「日本人が

『中国はもっと資本主義・市場主義を導入すべきだ』と言ったら、中国人から『あんたにだけは言われたくない』と言われた」というものです。**中国より日本の方がよほど社会主義だ**というオチです。

市場主義を取り込んだ中国には勢いがありますし、市場主義のリーダー・米国では株価が再度、史上最高値を抜く勢いです。

また、世界では餓死する人が激減していますが、それも資本主義のおかげだと思います。それでも市場主義のリーダー・米国は、リーマン・ショックを引き起こしたではないか？　とおっしゃる方がいるかと思います。

しかし、そうは言ってもリーマン・ショック発祥の地であるアメリカの株価は、史上最高値に再度迫ろうとしているのです。日本の株価は、米国株価が史上最高値を記録した日と比べるといまだ半分なのに、です。

米国経済の回復力は極めて強いと思います。やはり資本主義国家だからです。リーマン・ショックの前にも、ワールドコムやエンロンの破綻問題がありました。これらは粉飾決算の問題だったのですが、あのときも日本では「アメリカはもう駄目だ」という論調が目立ちました。しかしアメリカ経済は、あの後すぐ回復したのです。

あのときも、「さすが米国は回復力がある」と世界では言われたものです。

ワールドコム問題に関して少しつけ足すと、あのとき日本では「だから粉飾決算を許す米国は駄目なんだ」という論調が蔓延していました。

しかし、当時から米国は株主資本主義でしたから、**「株主が重視する」時価会計**を取り入れていたのです。ですから企業は、丸裸になって自分たちの姿を投資家にさらさなくてはいけなかった。しかし、あのときワールドコムやエンロンは、決算の数字にTシャツを1枚着せてしまっていたのです。ひょっとすると2枚だったかもしれません。それで問題になったのです。

米国を非難した当時の日本は、**「経営者にとって都合のいい」簿価会計**でした。法律上、Tシャツどころか十二単《じゅうにひとえ》を着ていても問題なかったわけです。

たしかに先方は自国の法律を破ったのですから、罪は大いにあります。

しかし、だからとはいえ、日本で合法の十二単を着ている日本人が、「だからTシャツを1枚着てしまった米国企業は！」と非難できるのだろうか？　と私は思ったものです。

話を元に戻して、リーマン・ショックの件ですが、日本ではリーマン・ショックを「金融資本主義が悪い」という捉え方をしているようです。

私は単に、**「流動性リスク」（市場が小さすぎて売りたいときに売れないリスク）の問題に過ぎない**と思っています。

リーマン・ショックはサブプライム・ローン問題から起こりました（これ以降は、少し難しいと思いますので、興味のある方だけお読みください。読み飛ばしても、後の話にはつながります）。

もともとサブプライム・ローン証券とは、低所得者層に対するローンをもとにした、リスクの高い債券です。それにAAA《トリプルエー》などと高い信用度がついたことにより、高すぎる値段で売ってしまったのです。安ければ、多くの債券の売り手（資金需要者）は現れなかったはずです。

高すぎる値段には、のちに大幅下落という調整が起きるのが世の常です。マーケットの薄い市場での調整だったので、バナナのたたき売り価格が発生し、高すぎた値段が今度は逆に異常に低すぎる値段になってしまったのです。

時価会計だったため、バナナのたたき売り価格になってしまった保有債券を、低価格で評価せざるを得なかったので、金融機関の損益計算書の見栄えが悪くなり、株価が下落しました。金融機関の株価下落が、一般の会社の株式価格下落につながっていったのです。

その結果、逆資産効果で実体経済が悪化してしまったという話だと私は思っています。

すなわち、「資本主義がどうのこうの」という問題ではなく、単なる技術的な問題だったと思うのです。当初の値段が高すぎたということです。悪魔のような金融マンが、無知につけ込んで売りまくったのが原因ではないのです。

マーケットに十分な厚みがなかったので、適切な価格をみつけられなかったのも原因だと考えます。

そして、「時価会計」も完璧でないことがわかったのです。その改善はあのサブプライム・ローン問題後、図られつつあると思います。

また、**多くの金融機関が「流動性リスク」を軽視し過ぎた結果**とも言えるでしょう。マーケットに厚みがなかったのに、「あるがごとく」ビジネスを活性化してしまった。だから、その代表格であるＡＩＧやリーマン・ブラザーズが倒産してしまったのです。

私が以前勤めていたＪＰモルガン・チェースは、今回の危機で比較的ダメージを受けなかったと言われています。以後、株価も他の金融機関の動きに比べれば、優等生的な動きをしました。そのJPモルガンの投資部門のスティーブン・ブラック共同最高経営責任者のインタビュー記事が、日経新聞2009年3月4日の朝刊に出ていました。

そこで彼は「サブプライム・ローンの分野は、全行ベースで融資や証券化などからの早期撤退を決めた。（略）これは（投資家への資金償還という）当行が被る流動性のリスクと比べると、収益性が低すぎたからだ」という極めて示唆に富む発言をしています。

リーマン・ショックに対し、「レバレッジ（てこの原理）のかけ過ぎ」が問題だという指摘をよく耳にしますが、危機の本質は「レバレッジのかけ過ぎ」すなわち「少ないお金で、大きすぎるリスクを背負った」ことではないと思います。**流動性リスクの高い商品、すなわち「売りたいときに売れない」商品に深入りしすぎたせい**だと思うのです。

米国の一流金融機関であるならば、どんなにレバレッジをかけ、大きなリスクを取っていたとしても、リスクコントロール・システムが作動するので対応が可能です。

しかし、**流動性がない市場では「突然市場がなくなってしまう」ことがあり、そうなると対処不能になってしまいます。ですから経験則では予想もできなかった価格がついてしまうのです。**

こうなれば経営陣はお手上げです。

繰り返しますが、サブプライム・ローンとは、所得の低い人達に対するローンです。リスクの高い商品のはずです。それならば安い値段がついてもしかるべきだったのに、それを無視して高い価格での売買が行われていた。そのツケがまわってきたのだと考えます。

それを「市場原理主義は終わった」「金融資本主義は悪魔」などと結論づけるのは小説としては面白いかもしれませんが、現実を見誤っていると思うのです。

逆に問題は、「市場が薄いために、市場原理が働かないのは危ない」ということです。市場が小さいと一人の力で操作ができ、ひずみができるので、市場を大きくして、理論値に近い価格がつくような大きな市場をつくらなければいけないと私は思います。

リーマン・ショックのあと、米国では「よりよい市場主義に変えていこう」と努力しているのに対し、日本では「だから市場主義は駄目なんだ」ということになってしまいました。

日本経済が低迷するのは、相応の理由があるということです。

「資本主義が行き詰まったから日本もダメになった」のではありません。「社会主義だからダメ」なのです。その認識が非常に重要です。

真の資本主義に変われば、日本経済も大復活できるのです。

だから社会主義国家は敗北する！

東西の壁が崩れた1カ月後に、出張で東ベルリンに行きました。モルガンの世界中の資金為替部長が集まったのです。そこで私は、まさに「社会主義とは何ぞや」を経験しました。「やっぱり社会主義では駄目だ。資本主義でなくては」と思ったものです。

フランクフルトから東ベルリンまで夜行列車で行ったのですが、夢のような豪華車両の国際列車を期待していたら、その日は旧東ドイツ仕様の車両で、がっかりしました。とんでもなくひどい車両だったのです。

小学校時代の夜行列車の旅を思い出しました。シャワー室はついていたのですが、仲間の米国人男性が使ったら、その一人でお湯は終わり。後に続いた女性陣は文句タラタラでした。

東ベルリンでのホテルは最高級ホテルという触れこみでしたが、「前菜、主食、デザート」という3品のコース料理が出終わるまでに4時間かかりました。「遅い」と米国人がウエイトレスに文句を言ったら、キッとにらまれ、それで終わりです。「冗談じゃない。これが社会主義か」と思いました。誰も働かない。

美術館に行ったら、現地の人たちが展示の彫刻を触りまくっています。「何だろうな、ありゃ？」と思うのと同時に、「警備員、怒れよな」と思いましたが、まったく動こうとしません。活気がまったくありませんでした。

走っていた車の車体は、本当かどうかは知りませんが、段ボールだと言われていました。

これほどにやる気のない国民をみて、「やっぱり社会主義は駄目だよな」と思った次第です。働いても働かなくても結果が同じなら、働くわけがないのです。

Section2

私が「日本は社会主義国家」と主張する理由

外国人は日本人をどうみているか

「そうは言っても、日本は社会主義国家ではない」と言い張る方がいるかと思いますが、**外国人の間では「日本は世界で一番の社会主義国家」というのは常識**で、いくつものたとえを聞いたことがあります。

「マルクスやレーニンは、日本に来たかったに違いない。なぜなら彼らが理想とした国が現実にこの世に出現したのだから」

「世界で一番共産革命が起こりそうな国が中国だ」というジョーク(?)も、外国人から聞いたことがあります。あれ〜、中国ってすでに共産国家ではなかったでしたっけ? 現在も中国では着々と市場経済が導入されているのです。

ある日本人が中国人に、「中国は共産党の世襲政治が続いているから、そこを改善しないといけない」と諭したら「何言っているですか？　日本の方がよほど世襲性が強い。中国は共産党独裁でも、派閥があって派閥間で権力がシフトしてるから、日本の世襲よりよほどまし」と反撃を食らった、という話も聞いたことがあります。

社会主義国家の定義とは

◎「大きな政府、規制過多、結果平等税制」

資本主義とは「多くの人間が市場に参加し、市場が資源の最適配分を決める」仕組みですから、資本主義は市場が存在して初めて成り立ちます。**資本主義＝市場主義なわけで、市場機能が働かないのは、まさに社会主義国家なのです。**

その市場主義と社会主義とは、何が違うかを考えてみましょう。

「大きな政府があって、規制が多くて、結果平等の税制がある」

これが私の定義する社会主義国家です。もっと政府が大きくなると共産主義っぽくなるし、さらに規制ばかりになると共産主義になるし、まったくの結果平等税制になれば完璧な共産主義になるということです。

日本は手厚い社会福祉ですから政府は大きいし、規制も多いし、結果平等税制。これこそまさに社会主義国家ではないかと私は思うのです。

◎世界最大のゆうちょ銀行が国営なのは言語道断！

その証拠としてまず第一に、世界で一番大きい銀行であるゆうちょ銀行が国営なのです。世界最大の国営銀行を持つ国を社会主義国家と呼ばず、何と呼ぶのでしょう。世界最大の銀行が国営企業なので、円高や財政危機という多くのひずみが起きたと思うのです。

少し脱線しますが、「ゆうちょ問題」を多くの方が誤解していると思います。ゆうちょ問題とは、「全国一律のサービスを提供するか否か」が問題なのではなく、**「ゆうちょ銀行が莫大なお金を集めて、それを国債ばかりに投資しているから問題が起きる。それを何とかしなくちゃ日本の将来はない」**という改革のはずだったのに、皆、誤解しているのか忘れてしまったのか、論点がずれてしまっています。私はその点をもっとも危惧します。

小泉改革というのは、日本を「社会主義国家」から「資本主義国家」に衣替《ころもが》えする改革だったのです。ゆうちょ改革はその象徴的な改革だったわけですが、また元に戻りつつあります。最近の「規制強化」「相続税・所得税の増税提案」「ばらまき」「チェック機能を果たさないマーケット」をみていると、逆行しているのではないかとさえ思います。

社会主義国家からの脱皮がまったく進まないのが非常に心配です。

◎日本は世界からみて非常識なほど再分配社会である

気がついている方は少ないかもしれませんが、日本はものすごい再分配社会です。

社会保障は財政学上、再配分であることは前述しましたが、日本は再分配の方法として、国民皆保険制度を採用しています。そしてそれを、世界に自慢しています。

ところが国民皆保険制度、しかも公的なものは、世界ではかなりユニークな制度ともいえるのです。

日本人は皆、公的な社会福祉制度があるのはあたりまえだと思っているでしょうが、それは歴史的にみても、地域的にみても、常識ではないのです。

私の祖父は銀行員だったのですが、彼が定年になったときは年金なぞありませんでした。

厚生年金の制度が発足したのは1942年、国民年金が発足したのは1961年です。ほぼ私の人生と同じくらいの歴史しかないのです。介護保険もつい最近できた制度です。

米国では、公的年金の加入は強制されてはいません。健康保険も公的ではありません。オバマ大統領が2年前に成立させた医療改革法案は、国を二分する大論争になっています。

この法案で加入を義務づけられるのは、日本のような公的な健康保険ではなく、民間への保険です。国は違反者に罰金を科しはしますが、それ以上に深入りするわけではありません。

国民が例外なく公的な医療保険に入っている日本人からみると不思議な話でしょうが、これが大議論だったのです。

2012年6月28日の最高裁で、「この法案は合憲」の判決が出ました。

しかし5人の判事が事実上の合憲、4人の判事が反対意見と、きわどい差でした。共和党の大統領候補になるロムニー前マサチューセッツ州知事は、根強い反対論を背に、最高裁の判決がどう出ても大統領就任後に同法を撤回すると繰り返し表明している（2012年6月29日の日経新聞より）そうです。

2012年6月26日に放映されたNHK　BS1「ワールドWave」によると、反対派は「増税して福祉を充実させるのは社会主義的であり、アメリカ的でない」と反対していたそうです。

つまり、**日本のように増税して福祉を充実させることは社会主義的なのです。**

もともと米国は、「過剰な社会保障は、国の財政赤字に直結する。健康保険に入りたいのなら、民間の保険に入ればいい」という発想の人が多かったのですが、それを国が強いるのは自由の侵害だと捉える人が、国民の半分もいるということです。

ということで、**日本の手厚い公的社会保障は、世界では常識ではないという認識が重要です。手厚い公的社会保障の国は、それがゆえに財政赤字も大きくなっているわけです。**

「北欧諸国は財政赤字がひどくない」とおっしゃるかもしれませんが、それらの国々は税金がかなり高いうえに、北海油田の収入があるのです。

ところで、2012年5月15日の日経新聞によると、**2011年度の国民年金保険料の納付率が、過去最低を記録した**そうです。2011年4月~12年1月分の**納付率は57・6%**で前年同期を0・7%下回っており、残り2カ月で回復するのは難しいとのことでした。

ちなみに、1996年度までの納付率は**80%台**だったそうです。

年金制度は80％の納付率を前提に設計されているにもかかわらず、4割以上もが国民年金の保険料を払っていない。すなわち国民が国に期待していないサービスを、国が国民に強制する必要があるのかという疑問が残りますし、本当に制度が持続可能なのかも心配になります。

最大の銀行が国営であり、再分配（＝社会保障）を政府が国をあげてやっているということは、「政府が大きい」ということです。極めて大きな政府を持っている我が国は明らかに社会主義国家なのです。

◎結果平等税制でハッピーになる日本人はいるのか

古代ローマの時代から、国民の義務とは「軍役と税金」と言われています。

日本には軍役がありませんから、国民の義務とは税金を払うことだけですが、**日本の課税最低限（所得税や住民税などで、課税対象となる最低限度の額のこと）が先進国の中ではフランスと並んで断トツに高い**（図表5参照）。そのせいで、国民の3分の1ぐらいしか所得税を払っていないようです。

先進国の中で、日本ほど所得税を払っていない国民の割合が高い国はないと思います。

ちなみに**課税最低限は、４人家族（妻と子ども２人）の給与所得者で３２５万円で、月27万円です。月収27万円以下の人は所得税を払わなくていいのです。**

それに加えて、日本の消費税は５%と先進国では断トツに低くなっています（次ページ図表６参照）。

日本では、税金支払いという国民の義務を果たしていない人がものすごく多いということです。それなのに10%ぐらいの消費税で、軽減税率の話が出てくるわけです。

私は、消費税は20%くらいまでは軽減税率を適用しなくてもいいと思うのです（本当に生活のできない人へのセーフティーネットとは別の話です。セーフティーネットの充実は大切です。ただし、本当に生活できない人のためです。パチンコ代のためにではありません）。

邦銀のロンドン支店に転勤になった直後の３カ月間、私は事務方の責任者をやらされました。部下の８人の英国人女性

(給与所得者)夫婦と子ども2人のケース

日本		アメリカ		イギリス	ドイツ	フランス
所得税	個人住民税	所得税	個人住民税			
3,250 千円	2,700 千円	36,000 ドル	17,000 ドル	6,035 ポンド	19,121 ユーロ	32,458 ユーロ
		(2,865千円)	(1,353千円)	(749千円)	(1,903千円)	(3,230千円)

注1：諸外国は平成21年1月現在の税法
注2：財務省のホームページより作成。ただし為替は平成24年6月26日のレートで換算し直している

図表5・所得税における課税最低限の国際比較

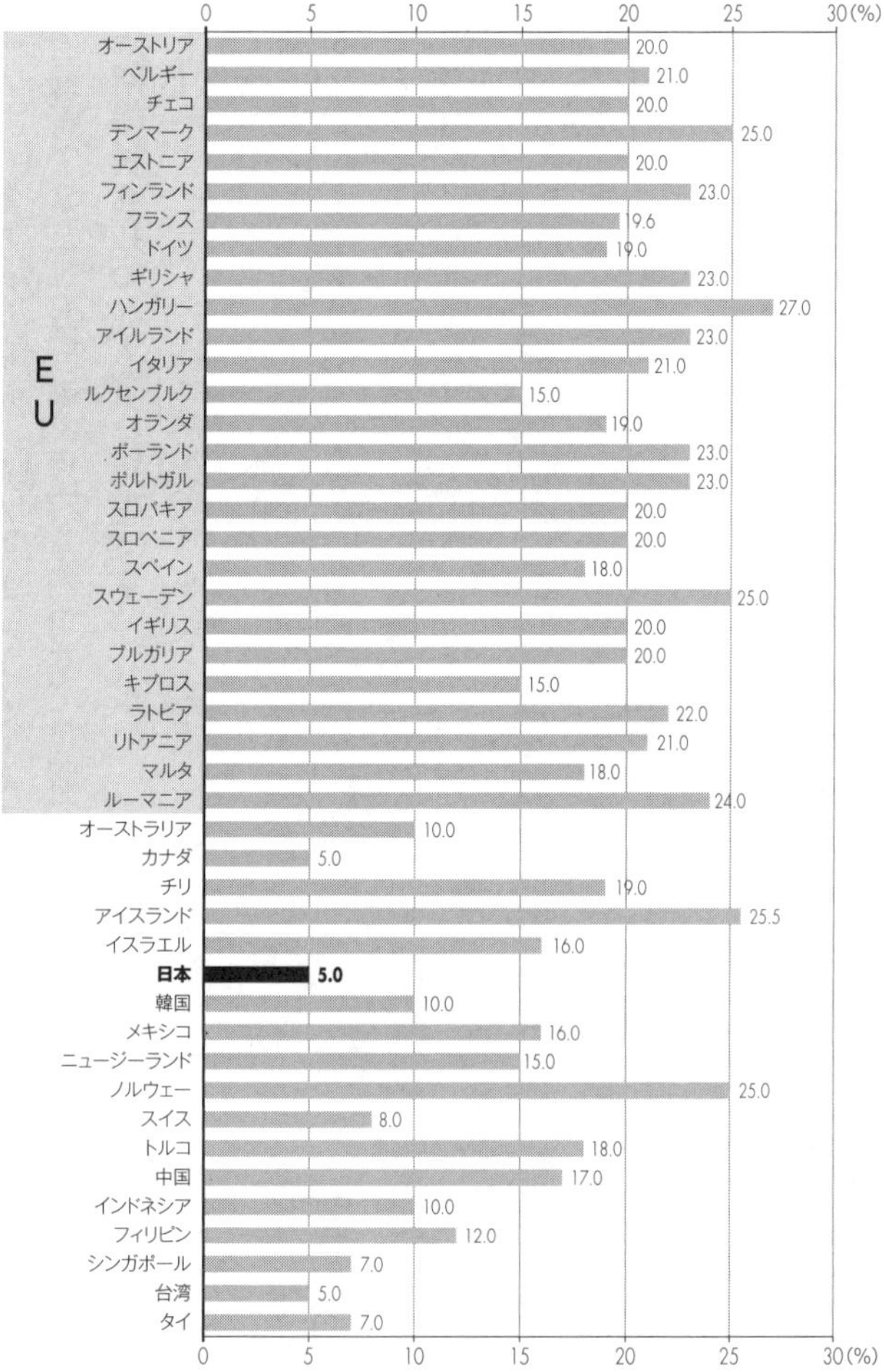

（財務省のホームページより　2012年1月現在）

図表6・付加価値税率（日本でいう消費税）の国際比較

はほとんどが15～16歳でした。中学を出てすぐ入ってきた女の子たちばかりだったわけですから、給料はかなり低かったと思います。しかし税金は、無茶苦茶に高かったのです。うろ覚えなのですが、たしか40％ぐらいだったと思います。

あまりにもかわいそうだったので「君たち、ずいぶん税金が高いよね。日本だったら、あなた方の給料レベルなら無税だよ」と言ったのです。

そうしたら「いや、これは国民の義務です」と言い返されたのにはびっくりしました。日本人とは違うぞ、と。

彼女らは、そう言いながら、お昼ご飯に1ポンド以下のサンドイッチを食べていました。当時、1ポンドは、ほぼ1ドルだったので、きっとお昼ご飯は200円くらいだったのでしょうか。

ましてや私がロンドン支店に配属されたときは、フォークランド紛争のまっ最中でした。赴任のときには「もし、アルゼンチンが英国本土を爆撃することがあったら、地下鉄構内に逃げるんだぞ。ロンドンの地下鉄は地中の奥深いところにあるからな」と送り出されたものです。戦勝記念日の戦闘機の低空飛行は相当、迫力ありましたけどね。

そういう時代ですから、男性には軍役という義務もあったのです。

そういうことを思い出すと、「日本人は彼らに比べて、国への義務など果たしていないよな」と思うのです。要求ばかりして。

何はともあれ、ごく少数の人しか税金を払わないのに、その少数の人への所得税の最高税率は世界最高に高い。それなのに、さらに最高税率を上げようとしている。格差是正を錦の御旗に「高所得者層に最高税率をかけて、税金を取ろう」としているわけですが、日本の高所得者とは誰のことか、これがまたよくわからないのです。

私の感覚では、日本で最高税率がかかり始める人たちは、世界的レベルでいうと、決して高所得者層ではありません。ほかの日本人より、所得が多少高いだけの人たちです。日本では中流階級を高所得者層と呼んで、そこからお金を取ろうとしている気がするのです。

相続税もそうです。世界の流れは、「相続税をなくす方向」にあります。

たとえば、オーストラリアは相続税がありません。オーストラリアに帰化した昔の部下から聞いた話ですが、彼らの思想とは、「給料などフローのお金だったらまだしも、一度自分のものにした自宅とか預貯金を取り上げられることほど恐いことはない。その結果、防衛という非生産的なことに多大な時間とエネルギーを傾けてしまう。だから相続税はよくない」ようです。彼らにとっては最大の財産喪失リスクは、「離婚に伴う慰謝料だ」と言っていました（笑）。

その話を飲み会で話したら、シンガポール人の外交官氏いわく、「シンガポールにも相続税はないよ」と言うのです。スイスにもカナダにもスウェーデンにもイタリアにも原則的に相続税はありません。

それなのに日本では増税傾向が続いているのです。アメリカでもなくす方向で動いています。

また、土地とか株にかかる税金を下げろと主張すると、すぐ「富裕層優遇税制」と非難されます。前述しましたが、バブルやバブル崩壊のときに学んだように、**「資産効果」は景気回復に極めて有効です。**

「逆資産効果」が働くと、景気が低迷します。最初に仕事を失うのは、低所得者層です。土地や株の税率を下げたことにより、これらの価格が上がれば、低所得者が一番最初に就職という形でメリットを受けるのに、いつも反対運動が起こります。この反対運動は、気がついているかいないかは別として、「国民全体が平等に貧しくなればよい」という運動になるのです。

ここまで述べてきたように、日本の税制は「結果平等税制」もいいところなのです。

◎なぜ日本人の生産性は低いのか

日本は、「大きな政府・規制過多・結果平等税制」の国であり、世界最大の銀行・ゆうちょ銀行が国営だから社会主義国家である、とお話ししました。

また、企業は真の株主資本主義で運営されていません。前述したように、「会社の持ち主は株主だ」と断定できないからです。欧米の会社とは違うのです。

日本の企業は「株主資本主義」ではなくて、「社会資本主義」で経営されていると言えるのです。

と言いますのも、もし会社が労働組合のものであるならば、「社内で過度な競争」は起きないでしょう。また、労働組合は「終身雇用制を守ろう」としますから、社内失業者（企業に雇用され、出勤していながら仕事をしていない社員）を多く抱えることになります。

社内失業者が多いのは日本の失業率が低い理由の一つですが、企業の収益力は落ちます。グローバルな競争がますます激しくなるときに終身雇用制を維持しようとしていると、人件費高騰で、外国の企業に吸収されるか、退場を余儀なくされるかもしれません。

「日本のブルーカラーの生産性は高いが、ホワイトカラーの生産性は低い」とよく言われます。私の実感もそうです。

「終身雇用制」でクビにならないという安心感も、理由の一つでしょう。とはいえ、終身雇用制を維持している日本企業は、欧米企業に負けてしまうのは当然です。

私は新幹線や飛行機でのほとんどの時間、パソコンを使って仕事をしています。

講演会のときは、主催者がグリーン車旅費を出してくれるのでグリーン車に乗ります。グリーン車にはビジネスマンが多いのですが、1車両で仕事をしているのは平均6、7人というところでしょうか。あとの人達は週刊誌を読んでいるか、マンガを読んでいるか、寝ているかです。

アメリカだったら、まず間違いなく仕事をしている人ばかりでしょう。そうしないと、クビになってしまう競争社会ですし、平日は猛烈に働いて休日を充実させたいからかもしれません。

何はともあれ、欧米人と日本人のホワイトカラーの生産性はえらく違うというのが私の実感です。それは昔商社マンで、外国人の働きぶりを熟知している私のテニス仲間・S社長の分析でも同じです。

Section3

格差議論とは何か

格差議論は根本的に間違っている

数年前に流行った格差議論が、日本経済をかなり悪化させたと私は思っています。これでばらまきに制御がかからなくなりましたし、ましてや昔から日本には市場がチェック機能を果たす仕組みが存在しなかったから、よけいに最悪なのです。

格差議論では、「日本は格差がある国」という認識があるようですが、私はあいかわらず「日本は格差のない、極めて平等な国」だと思っています。

学者や専門家がどんな机上の学問を振りかざしてきても、です。この、ありもしない格差の是正を念頭に、税金や経済対策を練ってきたからこそ、日本はおかしなことになってしまったのです。

武蔵大学の橋本健二教授が書いた『「格差」の戦後史』（河出書房新社）という本の中に、『健康で文化的な最低限度の生活』を送るためにどのくらいの費用がかかるかを計算し、その上でその費用に満たない所得しかない人々の数を調べる必要がある。この基準となる生活費の額を『貧困線』という」と書いてあります。

そして、「より簡便な方法としては、所得中央値の2分の1を貧困線とみなすという方法がある」とあります。

所得中央値とは、「人々を所得の多い人から少ない人まで並べたとき、ちょうど中央に位置する人の所得額」のことです。2007年の「国民生活基礎調査」（厚生労働省）によると、世帯所得の中央値は451万円だそうで、その2分の1、すなわち225・5万円以下の収入の世帯が、貧困層だということです。

「全世帯の中での貧困層の割合」を貧困率と言いますが、日本の貧困率はOECD加盟国の中で、悪い方からメキシコ、トルコ、米国に次いで4番目だというのです。

「225・5万円以下の収入の人の割合が多い日本は、貧困層が多い国だ」と言っているわけですが、私は強い抵抗感を覚えます。

私の感覚で「貧困層が多い国」とは、人口の約半数に相当する380万人が慢性的に栄養失調状態にあるハイチのような国のことです。うろ覚えですが、たしかハイチは国民の8割以上が1日1ドル以下の収入に属していたと思います。絶対的貧困国です。

国内総人口の35％以上の人たちが栄養不足の国は、世界には27カ国あると聞きます。そういう国を「貧困層が多い国」というのであり、「225・5万円以下の収入の人の割合が高い日本は貧困層の多い国だ」と言うのには抵抗があるのです。

ハイチのような国で格差があるのなら、事態は深刻です。

しかし、日本のような絶対的貧困国ではない国での過剰なる平等思想は、単なる悪平等で、経済の低迷を長引かせるだけではないでしょうか。

日本には世界レベルの貧困層なんていない

マスコミに「中間層」という言葉がよく出てきます。

たとえば、日経新聞の「アジア消費をつかむ」という記事の中に、「英調査会社のユーロモニターインターナショナルによると、中国、インド、インドネシアで可処分所得が年間5000ドル以上、3万5000ドル未満の中間層は、10年時点で約3億2000万世帯で、15年には約4億3000万世帯と3割増える」とありました。

「日本、米国、EUの中間層の合計は、約1億2000万世帯で横ばい。3カ国だけで先進国の3倍もの中間層が誕生する」とあるのです。

「そうか」と思うかもしれませんが、注目してもらいたいのは「中間層とは年間5000ドル以上の世帯」ということなのです。5000ドルとは40万円です。年間収入40万円以上は、中間層の世帯になるのです。

その定義だと、きっと日本人は、ほぼ全員が中間層以上です。日本に年間40万円以下の収入の世帯があるのでしょうか？　生活保護をもらうと間違いなく中間層、ひょっとすると富裕層です。

富裕層とは年間3万5000ドル以上、すなわち280万円以上の世帯なのですから、日本には（世界標準でいうところの）富裕層でも、所得税を払っていない人がいるわけです。

というのも前述した通り、日本で子どもが2人いる4人家族（給与所得者）の課税最低限は325万円だからです。

グローバルスタンダードでは年収280万円以上で富裕層入りするのに、日本では32

5万円までは課税最低限以下なので所得税を払う必要がないとは驚くべきことだと思いませんか？

話を元に戻しますが、この記事に書いてある「日本、米国、EUの中間層の合計は横ばい」なのはあたりまえです。すでに日本には、この定義での貧困層など存在しないからです。富裕層（と言っても世帯収入280万円以上ですが）から脱落しない限りは、中間層など増えようがありません。欧米も大差ないと思うので、この先も「日本、米国、EUの中間層の合計は横ばい」でしょう。

この「可処分所得が年間5000ドル以上、3万5000ドル未満が中間層」という定義は、なにもユーロモニターインターナショナル特有の定義ではなく、一般に使われているグローバルスタンダードの定義です。

格差議論によれば、世帯収入225・5万円以下は貧困層ですが、グローバルスタンダードに直すと、貧困層（年間収入40万円以下）などには日本人は誰も所属しません。ほぼ全員が中間層なのです。それも富裕層に近い中間層です。

どうも格差議論での「貧困層」という言葉が、悪さをしている気がしてなりません。

グローバルスタンダードでいうと、日本人はほぼ全員が金持ちの部類に入ってしまうわけで、それなのに格差是正をして平等を目指すのならば、日本はどう考えても「社会主義国家」だと私は思うのです。

日本は米国のように、もう少し自助努力をしたうえで、生活がよくなる資本主義国家に脱皮することが必要だと思うのです。

ウォール街のデモに正当性はあるのか

「私たちは99%である！」と称して所得再配分の強化を求め、ウォール街を制した2011年のデモについてはまだ記憶に新しいかと思いますが、ぜひ2012年4月17日の朝日新聞に載った「世界の99%への想像力」という記事を読んでいただきたいと思います。

筆者である北海道大学の橋本努教授によると、フルタイムで働く米国労働者の年収（約5万8000ドル）は、すでに世界の富者の1%以内に入るそうです。

日本でも、40代前半男性の平均年収（約577万円）であれば、上位1%以内、サラリーマンの平均年収（約412万円）だと、トップ5%以内に入るそうです。しかもフリーターの平均年収（約106万円）ですら、世界で上位14%以内に入るそうなのです。数値については諸国の物価などを考慮して再評価しなければならないと書いてありますし、それはもちろんそうなのですが、「米国で平等主義が台頭したとしても、それはしょせん、世界の富者たちの間での平等を求める運動に過ぎないのでは、という疑念も湧いてくる」と書いてありました。

まさに、その通りなのです。最後の「平等を求める運動に過ぎないのでは、という疑念も湧いてくる」ではなく、「運動に過ぎない」のです。

年3回海外旅行をする人と、3年に1回海外旅行をする人、両方とも富者だと思うのですが、「両者の格差を是正するのは、政府の仕事かいな?」という話です。

その悪平等を追求しようとしているから、日本は社会主義国家だと思うのです。

富裕層と貧困層の格差是正は必要か

ウォール街のデモに関しては、リベラル派のオピニオンリーダーである「ニューリパブリック」誌でさえ、彼らが掲げる富の再配分を「反資本主義」と切り捨てているようです。

日本では「ウォール街のデモ」をもてはやしていましたけれど、米国での捉え方は日本の認識とはまったく違ったわけです。競争を是認し、自助努力を尊いものとしているからこその考え方です。

グローバル競争の時代に、年3回海外旅行をする人と、3年に1回海外旅行をする人の格差を是正するようなことをしていると、日本は競争力を失います。猛烈に頑張っても頑張らなくても、結果的に生活レベルが同じなら、誰も猛烈に働きません。リスクを取っても取らなくても結果的に生活レベルが同じなら、誰もリスクを取りません。リスクマネーが集まらなくなると、新しい産業は起きなくなります。

産業の新陳代謝が起きないのなら、日本は古い産業ばかりとなり、就業希望者を受け入れ切れず、失業者が町にあふれることになりかねません。

なお、グローバル競争に文句を言う人がいますが、それは携帯が発達している現在でも、「固定電話の方がよい」と頑《かたく》なに主張するようなものです。

Section4

日本に格差は存在するか

日本に本当の金持ちは存在しない

たとえ「格差是正という政策が望ましい」としても、日本にはそもそも「本当の意味の富者」がいるのでしょうか？

餓死するような貧者がいて、その一方で、「本当の富者」がいるのなら、それは是正すべきだと私も思います。

しかし、日本には「餓死するような貧者」はいない一方で、「本当の意味の富者もいない」と思うのです。ですから先ほど、私は「年3回海外旅行をする人と、3年に1回海外旅行をする人」をたとえにあげたのです。両者とも「本当の富者でもなければ、餓死するような貧者」でもありません。

若者たちにはぜひ、世界を実際にみてきてほしいと思います。そして自分の目で日本と他国の状況を比較してほしいのです。机上の数字をこねくり回して、「日本には格差がある」とか、「日本には貧困層が多い」などと言ってほしくないのです。

日本には本当の富者もいなければ、貧者もいない。これが、私がいろいろな世界を実際にみてきての感想です。と同時に、日本に赴任してきた多くの外国人の感想でもあります。

格差のない国、日本。

ですから外国人が一様に、「日本は世界で一番成功した社会主義国家だ」と言うのです。

また、「大企業の社長とフリーターの年収の差」など、外国人の目からみれば、なきに等しいといえます。

アメリカには本当の金持ちがたくさんいます。その金持ちの生活を横目でみながら、アメリカの若者は「いつかは私もそうなりたい」と夢を持ち、ファイトを燃やしてチャレンジしていくわけです。

先日のフェイスブックの上場に関して言うと、株価の動きはいままでのところ成功だったとは言い難いようですが、上場前のあの熱気は、米国の若者をさぞや刺激したことでしょう。多くの若者が「いつか自分もマーク・ザッカーバーグになる」と夢見たのだと思います。

日本にはどこを見渡しても、「私もああいうふうになりたい！」などと目標にできる若い成功者がいません。これでは若者にチャレンジ精神がわくわけないのです。

日本はインドや英国のように階層社会ではありませんからチャンスは平等にあるはずなのに、若者から熱気を感じることができないのです。


話は脱線しますが、よく「東大には親が金持ちでないと入れない。経済格差がある格差社会は問題だ」と言う人がいますが、詭弁《きべん》だと思います。

子どもを東大に入れるには、いまや家族ぐるみの努力が必要です。たとえば週末、家族旅行をしたいと思っても、子どもを勉強させるために我慢する。自分たちの楽しみをも犠牲にしうる。子どもだけでなく、親にも克己心《こっきしん》が必要なのです。

一方、仕事で成功するにも、耐えること、つまり克己心が必要です。克己心はビジネスでは不可欠な要素だと思うのです。克己心がある親だからこそビジネスで成功し、子どもを東大にやれるのだと私は思います。親が金持ちだから子どもが東大に行けるわけではないと思います（ちなみに私も、私の2人の息子も東大卒ではありませんから、あしからず）。

昔は「子どもは机にばかり向かうのではなく外で遊ぶべきだ」と言って、塾に行っている生徒を白眼視する風潮がありました。昔は、それこそ野原で遊んでいたのでしょうが、いまは野原で遊ぶ代わりにテレビゲームで遊んでいます。私は放課後、テレビゲームで遊んでいる小学生より、塾で学ぶ小学生の方がよほど頼もしいと思います。

「そこで頑張った生徒の方が、成功して金持ちになる」ということは、努力が報われるわけですから、おかしくないと思うのです。そのくらいの競争はあってしかるべきだと思います。そのくらいの競争がないと、日本はグローバル競争で世界に遅れをとります。

私は、「国民は皆貧乏だが、平等。しかし他国とは、かなりの格差がある」のは好きではありません。

海外の富裕層はスケールが違う

私がモルガン銀行の東京支店長をしているときにシンガポール支店長だったドイツ人が

先日、来日したので、昼食を一緒にとりました。彼は富士スピードウェイでレースをするために10月に再来日するそうで、ピットの中にまで入れる貴重な招待券をくれると約束してくれました。

彼は52歳になるいまでもレースを続けていて、ル・マン24時間レース（フランスのル・マン近郊で行われる、24時間でのサーキット周回数を競うレース）にも出ているそうです。ル・マンのあと、20名あまりのスタッフを引き連れて日本にやってくるそうです。レースでは彼を含めた3人のドライバーで交代で運転をするわけですが、今年を最後にプロフェッショナルレベルからは引退すると言っていました。彼はレーシングカーの他にもクラシックカーを20台保有。自宅には全世界のレース場のシミュレーションがあって、それでコースを暗記するべく努力をしているとも言っていました。

奥さんはオリンピックに出るか出られないか、ぎりぎりのレベルのアイルランドの馬術選手だそうで、馬を自宅に7頭飼っているとのことでした。ちなみに自宅は牧場です。いい馬を買ったから、ひょっとしたら次の次のオリンピックなら選手として出られるかもしれないと言っていました。

彼はモルガン銀行を辞めた後、ファンドを設立して成功したがゆえに、このような生活をエンジョイしているのです。こういう話を聞くと、ファンドを設立して成功したくなりますよね。

彼は確かに金持ちになったとは思いますが、私がモルガン時代に出会ったアメリカ人の中では、本当の富者とはいえません。金持ちグループの中では下位の方だと思います。米国人には、とんでもない富者がいるのです。

たとえば私がロンドンに出張していたときに、某米国人は、私と会うためだけにプライベートジェット機でロンドンに飛んできました。私の「日本のマーケット分析」を聞くためだけに、です。私と会った後、すぐ日銀の審議委員の一人に会うとのことで、エール・フランスで東京に飛んでいきました。「なぜプライベートジェット機で日本に向かわないのか？」と聞いたら、「モスクワで給油しなくてはならないが、その燃料の品質がいまいち不安だ」と言うのです。それで「プライベートジェット機はニューヨークに戻して給油して、それから東京に迎えに来させる」と言っていました。

ですから東京からニューヨークへの帰国は、再度プライベートジェット機だそうです。

「おいおい、そんな発想する日本人いないよな」と思いました。

プライベートジェット機を駆使して世界を飛び回っている米国人は、その当時から結構いたものです。

また、私が懇意にしている大森海岸のお寿司屋さんの大将は英語ができるので、ある米国人をそのお店に連れて行ったときのです。

「一晩でどのくらい損したか」という話題で盛り上がったので、私は「一晩で50円玉大の頭髪をなくした」と言ったら、彼は「プライベートジェット3機分なくした」と言いました。私はあわてて大将に、「この話を聞いて、勘定書きにゼロを2つ多くつけては駄目だよ。今日は私のおごりなのだから」とつけ加えました。もちろん、そんなことをする大将ではありませんが（笑）。

ニュージーランド人の金持ちは、「今度世界で2番目に高いヨットを作るんだ」と言い、ロンドンの彼の別荘で設計図をみせてくれました。ちなみに彼の別荘の隣は中近東の王子の別荘でした。そのヨットには潜水艦とヘリポートがついており、「息子から『潜水艦だけは危ないからやめろ』と止められて困っているのだよ」と言っていました。

「タケシ、このヨットが完成したら2週間貸してやるから、どこかに行ってきたら」と提案してくれたのですが、「コックさんや船員への指示だけで疲れてしまう。そういう人たちを使ったことなどない人間には、休暇にはならないのだ」と説明して、丁重にお断りしました。

私がちょうど2代目のママチャリを買おうか悩んでいたときでしたから、この2代目のヨットの話にはびっくりし、鮮明に覚えているのです。

なお、このニュージーランド人は、息子と長女の20歳の誕生日にはジェットヘリコプターを1機ずつプレゼントしたそうです。この話も私が子どもの誕生日にプラモデルの飛行機をプレゼントした直後だったので、大変よく覚えています。

あるローデシア生まれの友人は南アフリカに農園を持っていて、その経営が趣味だと言っていました。本業は、ロンドンでの金融関係の仕事です。農園には4人の白人マネージャーがいて、彼らが4000人の従事者を雇っているそうです。

このローデシア人は、毎日マネージャーたちと30分ほど打ち合わせをしたりして、冬1カ月を農園で過ごすそうです。日本の梅干を作りたいとも言っていました。

この友人は見かけが非常に地味なおじいちゃんです。私がモルガン銀行の支店長をしていたとき、部下の女性（ウスイ）が支店長室の外から私ども2人の会話を聞いて、「あの人（ローデシア人）、すごい人にみえない。支店長（私のこと）もあの人も背が小さくてしょぼくれているから、どこかの村長さん同士が茶飲み話をしていたのかと思いましたよ」と言っていました。

そういう人であっても、農園経営という非常に贅沢《ぜいたく》な趣味をもっているわけです。

彼は生活の質にもうるさくて、東京に来るといつも永田町にあるキャピタル東急ホテル（赤坂プリンスかな）を愛用していました。建て替えられて、いまは「ザ・キャピトルホテル　東急」だと思います。愛用していた理由は、東京で唯一窓が開くホテルだからだそうでした。

彼の英国のオフィスを初めて訪ねたときも驚きました。ゴッホの「ひまわり」が飾ってあるのです。「ワーッ、これ、本物を東京でみた！」と言ったら、彼はニヤッと笑って、「この私の持っているのは3番目に上等と言われている贋作《がんさく》だ。贋作だけど東京にあるのより高いぞ」と言ったのです。何を言いたいのかよくわからなかったのですが、冗談なのでしょうね。

絵といえば、当時一番大きかったヘッジファンドであるタイガーファンドのオーナー、ジュリアン・ロバートソンの執務室には、ピカソのどでかい絵が飾ってありました。まさに船の先端みたいなオフィスで、タイタニックの先頭にいるような感じです。真正面にはエンパイアステートのビルがみえました。ピカソの絵の横には社員全員が使える、でかいフィットネスルームが設置。オフィスの中なのに、です。

他のヘッジファンドのオーナー、F・ルイス・ベーコンのディーリング・ルームは、宇宙船のようでした。私も数々の金融機関のディーリング・ルームをみたことがありますが、あんなすごいディーリング・ルームは他にみたことがありません。

ヘッジファンドのオーナーには、ハンティングが趣味の人が多かったです。それも鳥とかそんな小物ではありません。猛獣のハンティングです。

このように米国にはとんでもない金持ちがいます。

しかし、日本には、これまで述べてきたような金持ちは、ほとんど聞いたことがありません。少なくとも私は会ったことがありません。

日本でもユニクロの柳井正さんや、楽天の三木谷浩史さんなどは超お金持ちでしょうが、こんなウルトラリッチな生活はしていないと思うのです。多くの日本人富者の楽しみは、せいぜいゴルフでしょうか。

万が一、米国人のように生活をエンジョイしていたらマスコミにたたかれ、国民からは嫉妬《しっと》の目でみられるのがオチだからです。

これでは若者は夢を見られませんし、チャレンジする気持ちも萎《な》えると思います。

ところで２０１２年６月６日のＣＮＮニュースによると、**米内国歳入庁（ＩＲＳ）が発表したデータでは、２００９年の高額納税者４００人の調整後総所得（ＡＧＩ）は平均２億２２４０万ドル（約１６０億円）**と、前年の２億７０５００万ドルに比べ、25%減少したそうです。２億７０５０万ドルと言えば約２１０億円です。「４００人の平均」ということは、トップはそれこそものすごい収入だと思います。

ちなみに、長者番付が発表されていた頃の日本のデータは図表７のとおりです。

この数字は納税額であり、所得はもっと多いはずですが、

納税額	第1位	第5位
2001年	68億4,115万円	21億6,327万円
2002年	17億0,510万円	9億8,015万円
2003年	11億4,849万円	8億8,098万円
2004年	36億9,238万円	10億5,056万円

図表7・日本の長者番付の納税額と推移

それでも米国の高額納税者のレベルとは桁違いなことがわかるかと思います。

日本人の1位は2003年は11億円。2009年の米国高額納税者400人の平均総所得は210億円なのです。

生活保護に本当に値する人は200万人もいない！

お笑いコンビ「次長課長」の河本準一氏の母親が生活保護を受給していたというニュースで俄然《がぜん》、生活保護が注目され始めました。

2012年5月31日の日経新聞や朝日新聞に出ていたのですが、**2012年2月時点で生活保護受給者は209万7401人**だそうです。過去最高の更新が続いているそうで、**2012年度の支給は3兆7000億円。法人税収の約半分**ということです。

子ども手当と生活保護を合わせると、ほぼ法人税収相当額です。法人税は所得税、消費税と並んで日本の三大税収の一つですが、それに相当する額が子ども手当と生活保護で消えてしまうのですから、「国に金が不足する」のは当然と言えば当然です。

生活保護受給者は戦後の混乱期は200万人を超えていたのですが、いまは209万人です。戦後の200万人はよくわかります。あのころは生活が本当に苦しい人が多かったと思うからです。

しかし、当時とほぼ同じ数の受給者がいるというのは、なにかしっくりきません。いまの日本は戦後と同じくらい貧乏なのか、という疑問がわくからです。

そんなことはないと思います。そうではなく、支給の基準が甘くなり過ぎたせいではないでしょうか。

前述の5月31日の新聞にも載っていたのですが、この生活保護受給者数の増加で目立つのが、働ける世代を含む「その他の世帯」の増加です。

生活保護なしでは本当に生きていけない人を助けるのは国の義務です。

しかし、「生活保護支給額が高すぎて皿洗いが集まらない」という話をレストラン経営をしている友人から聞きましたが、その事態は間違いだと思うのです。

「働かざる者食うべからず」という言葉はどこにいってしまったのでしょうか。

厚生労働省のウェブサイトによると、「生活保護は世帯単位で行い、世帯員全員が、その利用し得る資産、能力その他あらゆるものを、その最低限度の生活の維持のために活用することが前提であり」と書かれています。

つまり、「生活に利用されていない土地や、家屋、預貯金や証券をすべて売り払い、自動車以外の嗜好品もすべて売却して生活費に充て、それでも足りなくなった場合にのみ、申請が許されるお金」のはずです。それこそが生活保護費です。本当にそんな状況の人だけに支給されているのでしょうか。

フランスだったと思うのですが、生きているときに国から特別の援助をもらっていた人は、死んだ後、住んでいた家を国に渡すなどして、生前、特別に援助してもらった分を国に返却するそうです。

生活保護をもらう際、生活拠点の家を売却するわけにはいかないでしょうから、非常に合理的な考えだと思います。

日本のように生活保護をもらって生活し、死後、数千万円する自宅を子どもに相続させるのは、どう考えても不公平な気がします。日本でも本当に必要な人のみが生活保護を受ける仕組みをつくることが必須でしょう。

ちなみにウィキペディアからもってきた数字なので信頼できるのか確信はありませんが、単身世帯だと生活保護は最大で月額13万7400円です。4人世帯で世帯主が41歳の障害者のケースでは月額34万4990円もらえます。年間280万円を超えますから、グローバルスタンダードからすると富裕層です。もっとも障害者の人は、健常者より支出が多いでしょうから、合理性のある数字だとは思います。

ここで申し上げたかったことは、日本には本当の貧者は「いない」とは言いませんが、見かけよりかなり少ないだろう、ということです。

固定した階層がある国は意外と多い

日本には、インドのような歴然としたカースト制度はありません。英国人などは話す英語で階層がわかると言いますが、そのような「見えない階級」もありません。

サッカー選手のベッカムはかっこいいですが、彼の英語を聞けば、上流階級出身ではないことはすぐにわかります。日本人からすると、「だからどうなの？」ということでしょうが、英国には見えない階層が歴然とあるように思います。

英国に住んでみて、ロンドンの訛《なま》りであるコックニーを話す人と、クイーンズ・イングリッシュを話す人とでは、序列があるように思いました。ですから、典型的なフジマキ・イングリッシュを話すフジマキも大変でした（笑）。

しかし日本では、富者と貧者がそれぞれの方言を使うとか、学者と八百屋さんのイントネーションが違うなどということはありません。方言を聞いても、「あの人は大阪弁を話すから、社会的ステータスが高い（低い）」というような感覚はまったくないはずです。

ロンドンで勤務していたとき、支店長車の運転手さんに「夢は何ですか？」と聞いたことがあります。ハンサムな白人運転手でした。「自分の自動車を買うことだ」と聞いたときはビックリしました。一生の夢ですよ。自動車を買うことが一生涯の夢という日本人が、どれだけいるのだろう、と思った次第です。

一応、三井信託銀行（当時）のロンドン支店に勤めている支店長車の運転手さんなのです。彼らは親から子どもへと同じ職業を引き継ぐことが多いため、上の階層へ移るという夢はあまり持っていないのかな、と思いました。

日本人は、夢を持って努力すれば、いつかかなうと思っています。そういう点に関してだけは社会主義的ではないのですが、それにもかかわらず生活保護で手厚く保護して、向上心をそぐのは問題だと思います。

日本の社長の報酬はもっと高くていい

日本の会社の社長と新入社員の給料を比べてみたことはありますか？

少なくともこの程度の給料の格差は、是正を図る必要などないと私は思うのです。

それなのに日本では、国民皆保険の保険料の差や税率やらで、社長からたくさんのお金を取り上げ、格差是正に回しているのです。

このような国を社会主義国と言わずに何と言うのでしょう。

ＡＦＬ・ＣＩＯの集計によると、アメリカの主要５００社のＣＥＯが２０１１年に受け取った報酬額の平均値は１２９０万ドルだといいます。約10億５０００万円。前年から14％、２年連続で増えたそうです。平均が10億５０００万円です。

一方の日本ですが、２０１２年４月７日の日経新聞によると、**２０１１年12月期決算企業のうち、11年度の年間報酬が１億円以上となった役員は、10年度と同じ33人**だったそうです。

最高額は日本マクドナルドホールディングスの原田泳幸《えいこう》さんで３億１７００万円。ＪＰモルガンも12月決算ですが、モルガン１社だけで１億円以上もらう幹部など（世界中での話ですが)、その10倍以上いると思います。12月決算の決算企業が少ないとはいえ、1億円以上の報酬をもらった役員は日本中でたったの33人とは驚きです。

2012年6月28日の日経新聞の電子版には、3月決算の会社の数字も出ました。6月27日時点で148人です。1位がセガサミーホールディングの里見治《さとみはじめ》会長兼社長の6億1700万円、2位がソニーのハワード・ストリンガー取締役の4億4900万円、3位が武田薬品工業の長谷川閑史《やすちか》社長の3億500万円。1億円以上といっても、大多数の方は1億円台でした。

ちなみに経団連会長であり、住友化学会長の米倉弘昌《ひろまさ》さんの報酬は、1億2200万円です。

米国の主要500社の社長の平均の10億円と比べて、何という差でしょう。

また2012年6月26日の日経新聞によると、トヨタ自動車では2人の役員報酬が1億円以上だったそうです。張富士夫会長が前期より700万円少ない1億4400万円で、豊田章男《あきお》社長が前期と同額の1億3600万円だそうです。

米国の主要500社の社長の平均が10億円なのに対し、日本企業の雄、トヨタの社長・

会長は1億円ちょっとなのです。ちなみに、トヨタの役員報酬で1億円を超えたのは、前期では6人でしたが、今回は2人に減ったそうです。

一方、日産は定義からいって、どう考えても外国企業だとお話ししましたが、カルロス・ゴーン社長の2012年3月期の役員報酬は、9億8700万円だったそうです。

日産は社内取締役8人に総額約18億8000万円支払ったのに対し、トヨタ自動車は取締役27名に9億7200万円支払ったということです。

カルロス・ゴーン社長一人の報酬が、トヨタ自動車の全取締役27名の報酬総額より多かったわけですが、ゴーン社長は、海外大企業の最高経営責任者（CEO）の報酬が自身より多いとの調査結果を株主総会で示したそうです。

私も、ゴーン社長の報酬は、海外他社に比べると少ないと思います。

社長がフランス人で、ルノーが大株主の日産はまぎれもなくフランスの会社なのですが、フランスの会社に比べても、日本企業の社長・取締役の報酬はべらぼうに低いということです。

それでも日本企業の役員は高所得者とされ、50％の最高税率が適用され、社会保障費もきっちりとられているのです。

彼らは本当に格差を是正されなくてはいけない高所得者なのでしょうか？

欧米諸国に比べて、ちっとももらっていないのに。

過剰な格差是正なのではないのでしょうか？

私には結果平等の悪平等主義と思えてなりません。

「自分自身のためにこういう主張をしているのではないか」という誤解があるといけませんから明言しておきますが、モルガン銀行勤務時代の私は大いにもらっていましたから、最高税率を下げていただくことには、個人的にかなりメリットがありました。

しかし現在は、最高税率を下げてもらったところで私個人のメリットはほとんどありません。昔、払いすぎた税金を返してくれるなら話は別ですが、そんなことはありえないでしょう。

私はポジショントークをしているのではなく、**「日本経済全体にとって、悪平等は日本大沈没の原因となる」**と言っているつもりです。

日米社長には年収の違いはあっても、日本の社長は「車・秘書・個室・会社所有のゴルフ会員権を使っての接待ゴルフ」など手厚いフリンジベネフィットがあるとおっしゃるかもしれません。

たしかに米国の社長に社用車はありません。モルガンの会長など、背広にスニーカー、ナップサックで電車通勤をしていると聞いたことがあります。私がソロス・ファンドのアドバイザーになったとき、社用車を要求したら、「ソロスやドラッケンミラーにも社用車がないのに、君は要求するのか？」と言われて、しゅんとなったことがあります。

もちろん、会社所有のゴルフ会員権を使っての接待ゴルフなどあるわけがありません。しかし、モルガンの会長に社用車はなくても、会社所有のプライベートジェット機がありました。それで東京に出張してきたのです。パイロットやキャビンアテンダントもモルガンの社員です。

一度「成田は遠いから羽田に駐機したい」と言われ、調べたことがあります。金額はまったくのうろ覚えですが、３０００万円とか言われ、「高すぎるので成田に駐機して東京までヘリコプターを飛ばそうか」と検討しました。結局、車を使いましたが。

医者の世界も社会主義である

ある米国人に「日本では激務のせいで、産科医と小児科医のなり手がいない。米国ではどうか?」と聞きましたら、「それなら報酬を増やせばいいではないか？　それなりの報酬があれば、激務でもなり手がいる」との答えが返ってきました。

ついでに、「米国で医療の花形部署を知るのには、年収をみればいい。トップレベルは10億円くらい稼いでいるから、そういう医者がたくさんいるのが花形部署だ」というのです。日本では優秀なベテラン医師と研修医の差も、日本の会社の社長と新入社員と同じくらいなのではないでしょうか。

日本では医療現場も、資本主義的とは言いにくいのです。

「日本を再生するのは医療だ！」という話も聞きますが、権威あるお医者さんから「このままのシステムでは、日本の医療は世界から遅れるばかりだ」と聞いたことがあります。彼の意見は「混合治療（保険治療と保険外治療）をしろ」ということでした。

「いまの日本の医療制度はエコノミークラスしかない、いつ墜落するかもわからないオンボロの飛行機に乗っているようなものだ。ファーストクラスやビジネスクラスを設置することによって飛行機会社も儲かり、安全で近代的な飛行機を購入できる。そうなればエコノミークラスの人たちも、快適な空の旅を楽しめるようになるのだ」とおっしゃっていました。

私の予想する財政破綻が起きれば、公的保険に頼っている、いまの健康保険制度は崩壊します。そうなると「いつ墜落するかもわからないオンボロの飛行機に乗っている」という表現は、まんざら的外れではないな、と思った次第です。

たしかにこんな状態では、医療が日本を引っ張る機関車の役割たる産業になれるわけがありません。プロ野球と大リーグの関係と同じように、優秀なお医者さんは米国に行ってしまうでしょう。

私には、お医者さまの世界の報酬も過剰な結果平等主義だと思えてならないのです。

優秀なスポーツ選手が海外に流出するワケ

CBSスポーツというウェブページ（http://www.cbssports.com/mlb/salaries/top50）によると、2012年のアメリカ大リーグの年俸（ベースサラリー）第1位はヤンキースのアレックス・ロドリゲスで2900万ドル（約23億円）、マリナーズのイチローは22位で1700万ドル（13億6000万円）だそうです。ちなみにイチローはCM等の収入がありますから、20億円を超したという記事をどこかで読みました。

一方、日本のプロ野球の選手の給料はといえば、「プロ野球データFreak」というウェブページ（http://baseball-data.com/ranking-salary/all/）によると、1位の中日・岩瀬仁紀《ひとき》が4億5000万円、イチローと同じ22位は巨人の内海哲也、巨人の村田修一、阪神の金本知憲《ともあき》で同額の2億2000万円です（何年のデータなのか表示がなかったのでわかりませんが、そんなに昔ではないでしょう）。

大リーガーとはえらい差です。

また、2011年5月に日本プロ野球選手会が発表した年俸に関しての資料によると、巨人軍選手はトータルで26億4830万円もらっていたそうですが、それは、ほぼロドリゲス1人分にすぎません。1軍の平均年俸でさえ7714万円だそうですから、大リーグの選手の年俸とえらい違いです。

もっとも近年では「払わないと大リーグに移籍してしまう」という市場原理が働くので、日本のプロ野球選手の待遇も上がってきたようです。経済と同じで、野球選手の給料でさえもグローバル化していくのです。

ところで、2軍以下の選手はさほど日米で差がないと思います。米国の場合の方が薄給だとも聞きますが、資料がないのでわかりません。しかし、間違いなく大リーグの方が上下で格差があります。

日本は一流選手と2軍との報酬の差がないのです。まさに日本の野球の世界も、格差のない社会主義的仕組みだと思います。

こんなに差があれば、夢を求めて優秀な日本人は大リーグを目指すでしょう。

「日本の野球も過剰な結果平等主義」の話からは少し脱線しますが、私がブログに、「先日のテニスのとき、『大リーガーの松井選手は、もうすぐ在米10年。年俸が急減しているのに米国で頑張っているのは、もう少し頑張れば米国で多額の年金をもらえるようになるからじゃないの？　早く帰国して権利放棄するのはもったいないからかな?・』という話題でもりあがった」と書いたら、ブログの読者の方から「情報」ということで、以下のメールをいただきました。

「メジャーリーグの選手会はおのおののサラリーからかなりの金額を積み立てて運用していて、10年間メジャーでベンチ入りすると、60歳から満額支給される（たしか年5万ドルぐらいだったたか）。ですから、もちろん国籍など関係ありません」

もちろん、松井秀喜選手は純粋に野球だけを考えているのかもしれないですし、「現役選手時代よりも長い、その後の人生を考えて生活設計をしている」かもしれませんので、私が邪推してはいけないとは思います。

なお、「その後の人生を考えておけ」とは、元ヤクルトの野村克也監督がよくミーティングのときに選手に諭《さと》していたことだ、とテレビで言っていました。さすがです。

話を戻します。この場で申し上げたいことは、「アメリカの年金制度は自分で積み立てたものを自分でもらう」という「確定拠出」型だということです。自立を求められる米国らしい仕組みです。ですから国籍など関係なくもらえるのです。

日本のような「若い人が高齢者を支える」仕組みは、少子化を考えると、いずれは維持できなくなると思います。ガラガラポンの後、米国型の「自分で積み立てたものを自分でもらう」方式に変わらざるを得ないと思うのです。

何はともあれ、日本のスポーツ界の報酬も、過剰な結果平等主義だと私には思えてならないのです。

結果平等主義を続ければ、日本での新発明はゼロになる

2001年8月、青色発光ダイオードの開発者であるカリフォルニア大サンタバーバラ校教授の中村修二氏が発明への正当な報酬として、日亜化学工業に20億円の支払いを要求した訴訟は、当時かなり騒がれました。

結局、会社側が8億4000万円を支払うことで和解したようです。

この金額が高いだの低いだのとずいぶんマスコミで騒がれましたが、私はそれより「和解とはいえ、裁判で金額が決まる」なんて、日本はなんと市場原理が働いていないのだろうと思いました。

成果や会社が得た利益などの詳細がわからないので、うかつなことは言えませんが、ノーベル賞級の発明と言われていましたし、もしそうだとすると、ものすごく少ない金額だな、と当時思ったものです。

ノーベル賞級の発明をした科学者ならば、米国ではとんでもない金額が集まってくると思います。

一方で日本では、優秀な科学者でもボンクラ科学者でも、報酬の意味で格差はないので

す。けっして報酬のためだけに研究をしているわけではないのでしょうが、日本人は、あまりに報酬に無頓着です。東大には「菓子折りで　くれてやるのか　先端技術」という川柳もあるそうです。

日本では、青色LED訴訟に対する報酬は裁判で決まりましたが、欧米なら市場原理で決まると思います。

会社がまともな対価を出さなければ、優秀な科学者は報酬の高い他社へすぐ転籍するでしょう。会社が発明に対して低い報酬しか出さないことがわかれば、ライバル会社はその会社の他の科学者・技術者を高額で引き抜きに走ります。「あんな会社に勤め続けて成功しても報酬は雀の涙だぞ。我が社にくれれば、成功した暁には報酬を段違いに払うぞ」との殺し文句で誘うのです。

中村修二氏はそんな日本に飽き飽きしたのか（どうかはわかりませんが）、現在はカリフォルニア大学のサンタバーバラ校で教授をしているようです。研究も続けているかもしれません。

優秀な科学者や技術者がごそっと抜けた企業は競争力を失い、倒産の憂き目に遭います。彼らを引き留めるためにも、その科学者が在籍する会社は、労働市場で妥当と思われる報奨金を払うのです。まさに発明の対価も市場原理で決まるということです。

ちなみに2012年5月29日に決まった「知的財産推進計画2012」では、「サラリーマンが仕事で発明した対価として企業が支払う額について、政府が指針をつくることを含めて検討するのが柱」だそうです。発明の対価が労働市場で決まらず、政府の指針で決まる？

米国では誰も想像だにしないでしょう。こんな国を社会主義国と言わず何と言うのでしょう。

Section 5

所得再分配は政府の仕事ではない

格差是正をするから、財政破綻かハイパーインフレの二者択一になる！

最後になってきましたので、これまで書いてきたことをまとめたいと思います。日本には是正すべき格差などありません。それなのに格差是正が政治の中心課題となってしまったから、どんどんパイが小さくなってしまいました。パイをどう切り分けるかではなく、パイを大きくする国にしなくてはいけないのです。市場原理が働く真の資本主義国家にしなくてはいけないのです。

ここでは「そもそも」論である、「格差是正は、そもそも政府の重要な仕事なのか」についてお話ししたいと思います。

日本人はグローバルスタンダードでいえば、ほぼ全員が金持ちです。「その金持ち間の格差是正が行き過ぎていないのか」「単に国際競争力を下げ、結果として国力を下げ、国民を平等に貧しくしているのではないか」という話をしたいと思うのです。

もちろん、本当に生活できない人を助けるのが政府の最重要の仕事であるのは間違いありません。しかし、本当に自立できない人だけです。

ここの話は、日本人があたりまえだと考えていることは、本当にあたりまえなのかという、「日本人の常識」への私からの挑戦です。

何度も繰り返しますが、社会福祉とは財政学上、所得の再分配です。日本の場合は歳出の4割を占めているわけですが、この分が毎年、歳入不足になっています。その結果、所得の再分配は必要だということで、子、孫、ひ孫から借金をしているわけです。借金を返すのは彼らです。それを政府が堂々とやっていていいの？　という話でもあります。

政府の仕事のもっとも基本たるものは「国民の生命と財産を守ること」で、これはどこの国でも共通です。いま、多くの国が直面している問題は、高福祉（＝所得再分配）をしてきた結果、財源不足で財政破綻のリスクを抱えるに至ったということです。

つまり、「政府機能がマヒする財政破綻」か「ハイパーインフレに陥る」かの悪夢の選択が目前に迫っているのです。

前者は生命の危機につながりますし、後者は財産の危機につながります。

そもそも年金等の社会福祉は「国民が安定した生活を送れることによって、暴動や革命が起こらず、国民が財産や生命の危機にさらされることがなくなる」というロジックでつくられたものです。格差是正自身が目的ではなく、「国民の生命と財産を守ること」が究極の目的だったのです。

それが過剰になり、一人歩きして、**逆に「国民の生命と財産」、とくに財産が危機に陥る可能性が出てきた**ということです。

前述しましたが、オバマ米大統領の「民間健康保険に全国民を加入させる」医療改革法案に対し、米国では反対が強く、最高裁まで巻き込んだ論争になったのは、そういう理由からです。「過剰なる社会福祉は、財政破綻の危険をもたらし、増税につながる」という反対論です。日本のように「財政破綻状況になったから、そのために増税をする」というのは、国民の財産を奪うことなのです。

2011年9月21日の日経新聞の8面に「フィナンシャルタイムズ」紙の記事が引用されているのですが、その記事は「有権者は望ましい富の再配分を主張する政治家よりも、国家の直面する課題に責任がある態度で取り組むことを求めている」とあります。過激な言い方をすれば、再分配というのは、ポピュリズム政治家が票を獲得するための商売道具に過ぎないのではないか、と思ってしまいます。

ユーロ問題のところに書きましたが、ユーロは結局のところ、「一つの国になるか、崩壊するか」のどちらかでしょう。

しかし、ドイツとギリシャが一つの国になるでしょうか？

「ギリシャ人は怠け者だ」とドイツ人はよく言いますが、勤勉なドイツ人が怠け者のギリシャ人にお金を差し出すでしょうか。

私は疑問に思います。再分配は正当化されないと思うのです。政府の仕事として再分配という業務をドイツ人は認めないはずです。アメリカの医療制度改革の反対論者は、「なぜ働かないやつの医療費を我々が払うんだ」とテレビの前で公然と言い放っていました。

日本人が思っているほど、「格差是正は正義」ではないのです。

「過剰なまでに格差是正を求める」社会主義的思想を追求するより、日本経済がこれほどまでに落ちぶれてしまったことに気づくべきです。

誤解されてもらってはいけないので再度、強調しておきますが、「本当に自立できない人を助けるのは政府の仕事」なのは当然です。セーフティーネットの確立は、極めて重要な国の仕事です。私が言いたいのは、自助努力がもっと必要だということです。

いまこそサッチャー革命を見習うべし

つい先日まで、イギリス元首相マーガレット・サッチャーの生涯を描いた映画「マーガレット・サッチャー」が大変好評だったと聞きます。私もぜひ観に行こうと思いながら忙しくて見損ねてしまったので、DVD化したら観ようと思っています。

私はサッチャーが政権に就いたとき、イギリスに赴任していました。赴任した当時は、とんでもない国に来てしまったと思ったものです。

出社したら地下鉄のストライキが頻発するので、「会社に近いところに家を借りろ」とまず言われました。地下鉄だけでなく、ごみ収集業者もしょっちゅうストライキを起こしていました。

携帯電話がない時代ですから、外出中は公衆電話が頼りなのに、7割は壊れたまま。フォークランド紛争中だったので、ロンドンが爆撃されたら地下鉄に逃げろと言われていたのですが、その地下鉄は動く灰皿と言われていました。なにしろ汚いのです。土曜日のことは覚えていないのですが、日曜日は中国人の店以外、すべて閉まっていました。車は税金のせいで無茶苦茶に高かったのですが、よく故障していました。

私のローバーも出勤途中でのランダーバード（交差点）の真ん中で故障してしまったので放置しておいたのですが（田舎だったので）、帰宅時までレッカーもされず、駐車違反の切符も貼られていませんでした。警察は何しているんだ？　と思いました。

そのような経済情勢を反映して1ポンドは1ドルすれすれまで下落しました。ポンド安でしたので有名デパートのハロッズは米国人であふれていました。

「フィナンシャルタイムズ」紙だったと思うのですが、当時、「ハロッズが米国人に占拠されてしまった」という記事を読んだように思います。

まさに英国病という言葉がぴったりだと思いました。若者にも町にも覇気《はき》はなく、「この国は滅びていくのだな」とつくづく思いました。

そんなときに登場したのがサッチャー首相だったのです。彼女の施策により、驚くほどの勢いで英国は変わっていきました。まさに「みるみるうちに」です。彼女は英国を社会主義国家から資本主義国家に変えていったのです。

そのような変化を目の当たりにして、私は感銘を受けました。「一人のリーダーの力でここまで国は変わるものなのか」と。そして、「社会主義から資本主義にすると、こんなにも国は変わるものなのか」と。

その私の実感を、そのまま書いた本があります。少し古い本ですが、渡部亮さんが書いた『英国の復活　日本の挫折』(ダイヤモンド社)という本です。渡部さんはエコノミストでこの本を出された1998年当時は、野村総研ヨーロッパの社長でした。この本の中から何カ所か拾ってみます。日本が見習わなくてはならないことが山ほど書かれています。1998年に出された本であることにご注意願います。

「日本周辺のアジア諸国では、通貨切下げ競争が起きているが、政治的な理由で円ドル為替レートをあまり動かせないとすれば、日本経済はこれから大変である。為替調整も賃金調整もできずに財政に負担を強いると、財政が破綻して、長期的には大幅な円相場の下落が起きるだろう。70年代の英国では、こうしたプロセスを経て、ポンドの為替相場が大幅に下落した」(ⅱページ)

「過去20年の間に、市場経済原理と株主利益を重視した企業経営に大きく方向転換した英国経済が、次にどのような方向に舵を切っていくのか、日本の将来を見据えるうえで大いに注目されてよい」

「英国は、第2次大戦後長らくの間、『老大国』として先進国のなかでもお荷物扱いされていた」（ともに4ページ）

「これを勧善懲悪の戯作者風に物語ると『サッチャーが民営化や英国ビッグバンなど、いわゆる市場経済原理導入や規制緩和を進めて、ロンドンを中心とする金融市場を改革し、労働組合を一網打尽に破滅させて英国を蘇《よみがえ》らせた。まずはめでたしめでたし。日本も大いに見習うべきだ』ということになる」（5ページ）

「こうした暗く陰鬱《いんうつ》な状況は、その後どんどん悪化しながら80年代前半まで続き、英国民の生活は、どん底に陥った。オフィス勤めの女性の中には、ハンドバッグを持たず、その代わりにバナナとリンゴの入った買い物袋を抱え、それで朝昼の食事を済ませる者もいた。ストライキが頻発し、ロンドン市内はピカデリーサーカスのような繁華街でもゴミの山となり、ガソリンスタンドは閉店でガス欠の車が立ち往生し、交通麻痺の状態となった。夜になると停電で、日本企業の英国駐在員はテレックスも打てない状況であった」（44ページ）

「一時期『老大国』とか『病める大国』と言われた英米両国が、どうしてこのような変貌を遂げることができたかを振り返ってみると、次の2つの点を指摘できるように思える。第1点は、所得税率やキャピタルゲイン税率を引き下げて、労働意欲や投資意欲を高める政策を講じたことである。英国の主な税率を79年と97年で比較すると以下（次ページ図表8）のとおりである。

第2は、株主がROE（自己資本利益率）を高める経営を企業側に迫ったことである。（略）そして利益率の向上に努めた経営者は自己の報酬の増加と寛容な課税によって十分に報いられるようになった」（63ページ）

「もともと国境を越えた広域福祉は成立しにくい。したがって、究極的には自助努力だけが頼りになる。とはいっても、最低限の福祉や、警察、安全保障機能は必要であり、それを維持するための徴税権は国家政府や地方政府に託されている。行政サービスの内容は国によって異なり、英国では安全保障、教育、弱者への医療など最低限の社会保障に限定されてきた。英国のように、最小限の社会福祉にとどめていた国のほうが、手厚い福祉を供給する国より民間経済の勢いが強い。少なくとも企業活動の自由度は高く活気もある。国家政府による行政介入の少ないことと並んで、社会福祉負担も軽くしていることが、米英型の株主資本主義の重要な側面である」(78ページ)

以上、日本人がじっくりと考えるべき内容だと思います。

		1979年度	1997年度
所得税	最高税率	83%	40%
	基本税率	33%	23%
法人税率		52%	31%
付加価値税率		4.85%	17.5%

図表8・英国の主な税率比較

おわりに

　ここまで累積赤字が蓄積した日本は、遅かれ早かれ、借金ができなくなると思います。消費税上げは財政破綻、またはハイパーインフレの時期を多少遅くするかもしれませんが、10％への上げくらいではどうにもなりません。

　そのとき日本は、「政府機能の閉鎖」か「足りない分の紙幣の増刷」か悪魔の選択を迫られるでしょう。

　やむを得ず紙幣を増刷する道を選ぶ可能性が高いと思いますが、当然の帰結としてハイパーインフレが起こります。それによって国民の富は政府に移行するのです。

　これで政府の莫大なる借金は実質的にご破算となります。しかしこのときは、株、債券、円などが暴落するとともに、失業者が町にあふれるなど社会的大混乱が起きるでしょう。

　ですから国民は、外貨建て資産の購入などで自分の資産を守らなければなりません。

ただ不幸中の幸いなのですが、円の大暴落により当初は辛いものの、数年すると国際競争力が回復し、日本経済は再び大躍進をするでしょう。

まさに、1997年に地獄をみた韓国が、ここまで立ち直ったのと同じ道筋です。

しかし、現在日本で閉塞感を生み出している円高や巨額の財政赤字は、市場機能が働かず、市場が微調整をできなかったがゆえに、おできが大きくなった結果です。政治が何も決められないのも、市場がチェック機能を発揮できなかったからです。

その根本的なところを改善しないと、数年後にまた同じ問題を抱えます。「いつか来た道」になってしまうのです。

とはいえ日本人は残念ながら、自分で自分を変えられないでしょう。明治維新も、第2次世界大戦後の大変貌もすべて外圧に頼っています。

今回も財政破綻時にIMFが日本経済の立て直しのために日本に介入してくるでしょう。

IMFの力により、日本は本当の意味での資本主義国家になると思います。彼らによって過去のしがらみや利権は全部捨てさられるでしょう。まずは国家予算の歳入と歳出のバランスが図られますから、社会保障費はかなりカットされると思います。

その結果、個人には、米国的な自助努力が要請されるようになります。年金もガラガラポンを経て、いまのような確定給付型（若い人が高齢者を支える仕組み）から、確定拠出型（自分で積み立てたものを将来もらう）に変わるのではないかと思います。

格差是正を旗印とする悪平等主義は影をひそめ、「小さくなるパイをどう切り分けるか」ではなく、「パイをどう大きくするか」に向けて日本全体が動き始めるのです。それを阻害する税制は廃止です。税金は直間比率が是正され消費税中心となるし、世界の潮流に合わせて相続税は廃止の方向に向かうでしょう。

いまの44兆円の赤字を所得税のみで埋めようとすると、税率を3倍以上に上げなくてはなりませんから、当然消費税に頼らざるを得ません。こうなると社会保障を手厚く受けている人を含め、日本国民全員が社会保障のレベルを真剣に考えざるを得なくなります。高福祉は高消費税率でしか達成できないのですから。

低福祉だが、低消費税率という選択肢もあります。

会社も株主の持ち物という概念が確立しますから、いま以上に儲けを追求し、グローバル競争での勝ち残りを目指します。

もちろん、円安が競争力向上の大きな武器になります。ただ終身雇用制は崩れ、競争は激しくなり、本当の実力社会が到来するのです。成功した人は欧米並みの高給を得ることになるでしょう。日本プロ野球の年俸から大リーガー並みの報酬へのシフトのようなものです。

円安ですから工場は日本に戻り、日本人の仕事はあり余るほど増えます。欧米並みの高給をもらえない人でも、いまの所得よりかなり多くなると思います。

会社だけではなく、社会全体が競争社会になるのは事実です。もちろん、米国と同じように、本当に生活ができない人たちへのセーフティーネットが確立すると同時に、失敗者への再チャレンジの仕組みも確立します。

企業がグローバルスタンダード並みに儲かるようになると、法人税収も急増します。企業がグローバルスタンダード並みにいまの10倍儲かるようになれば、法人税収も10倍となり、毎年の国家予算は黒字化します。そうなれば「節度ある」という条件こそつきますが、手厚い社会福祉も再開です。

クラッシュの後、きちんと社会主義国家から資本主義国家にシフトできれば、円安の恩恵とともに、日本の未来は輝くのです。そのうち強くなった国力を背景に今度は円が強くなり始め、過剰なインフレを防いでくれるのです。市場を大きくして、市場が働く仕組みを確立すれば、市場が微調整をして経済の自動安定装置の役割を果たしてくれるようになるのです。

財政破綻時と、その後数年は苦しいと何度もこの本で述べました。しかし原因がはっきりしている以上、処方箋は書けるのです。そしてその処方箋の結果、明るい未来が待っているのであれば、皆、困難には耐えられます。第2次世界大戦で日本人はすべてを失いましたが、明日を信じて頑張りました。それは希望があったからです。

今回予想される財政破綻の先にも希望があります。

それを信じて、いかに暗く深い闇の時代を乗り越えるかを考え、備えることがいちばん大事かと思います。

2012年7月

藤巻健史

藤巻健史（ふじまき・たけし）
1950年、東京生まれ。一橋大学商学部を卒業後、三井信託銀行に入行。80年に行費留学にてMBAを取得（米ノースウエスタン大学大学院・ケロッグスクール）。85年、米モルガン銀行入行。東京屈指のディーラーとしての実績を買われ、当時としては東京市場唯一の外銀日本人支店長に抜擢される。同行会長から「伝説のディーラー」のタイトルを贈られる。2000年に同行退行後は、世界的投資家ジョージ・ソロス氏のアドバイザーなどを務めた。1999年より2011年まで一橋大学経済学部で非常勤講師として週1回半年間の講座を受け持つ。現在、株式会社フジマキ・ジャパン代表取締役社長。「週刊朝日」で「案ずるよりフジマキに聞け」（毎週）、「日経ヴェリタス」で「フジマキの法則」（月1回）、「日経新聞電子版」で「カリスマの直言」（4週に1回）連載中。

日本大沈没
明るい未来を迎えるための資産防衛術

2012年8月25日　第1刷発行
2012年8月30日　第2刷発行

著　者　藤巻健史
発行人　見城 徹
編集人　福島広司

GENTOSHA

発行所　株式会社 幻冬舎
〒151-0051　東京都渋谷区千駄ヶ谷4-9-7
電話　03(5411)6211(編集)
03(5411)6222(営業)
振替00120-8-767643
印刷・製本所：株式会社 光邦

検印廃止

ISBN978-4-344-02233-1　C0095
幻冬舎ホームページアドレス　http://www.gentosha.co.jp/

この本に関するご意見・ご感想をメールでお寄せいただく場合は、
comment@gentosha.co.jpまで。